《文化》とはなにか

－一つの観念の興亡の歴史：1830-1970（イギリスにおける）－

荻野 昌利 著

大阪教育図書

《文化》とはなにか

―一つの観念の興亡の歴史；1830-1970（イギリスにおける）―

荻野　昌利　著

大阪教育図書

序文

話は今から20年前に遡る。かねてより学会などを通じて親交を温めていた松村昌家先生（当時追手前大学教授）からある時、話したいことがあるから是非会ってほしいという連絡があった。大急ぎでお会いすることになったが、要件というのはヴィクトリア朝の文化全般を扱った学際的学会を立ち上げたいので、その発起人の一人になってほしいということであった。先生の主張するところによれば、「この時代のあらゆる学問に開かれた学会」を創設したいのだという。今でも覚えているが、その時先生の色白の頬が赤く染まっていた。その設立に賭ける先生の気概と熱気のほどがうかがえるものだった。先生の気合にほだされた訳ではないが、私もその場で一も二もなく賛同し、協力を誓うこととなったのである。もとより私もヴィクトリア朝全般を対象とする学際的学会の必要性を痛感していたところである。今後色々と困難を伴う事態が生じるだろうが、一つの学会としてまとめられるならばそれに越したことはない。こうして（記憶がどうも曖昧で申し訳ないが）2001年の秋だったと思う。さまざまな問題を抱えたまま新しい学会は「日本ヴィクトリア朝文化研究学会」という名称のもと、発起人代表の松村先生を会長に擁立して華々しく発足した。当初から会員数も300名近くに及んだことも驚きだった。当時いかに多くの研究者がこうした学会の必要性を痛感していたかが、わかろうというものである。

それから5年近くが経った。私は請われるままに第2代日本ヴィクトリア朝文化研究学会の会長に就任することとなった。（恥ずかしながら）実は会長に推されて初めて「文化って何だ」と真剣に考えるようになったのである。それまで特に意識することなく気軽に使っていた「文化」とか“culture”という言葉が俄かに重く重要な意味を持つようになってきたのである。結局それから4年間会長職に留まることになったのだが、その間に会員数は着実に増加し、私の会長期には350人近くにまで達した。だが私の素朴な疑問は消えるどころか、益々増幅していった。「文化って何だ」私は絶えず自問し、私なりにヴィクトリア朝の様々な文献を読み漁った。J. S. ミル、J.

H. ニューマン、M. アーノルドなど以前読んだことのある作品を改めて読み返し、当時の知的教養派に頻出する "culture" という言葉の源流を探し求めてさまよい続けた。正直のところこれほど "culture" に関係した文献を渉猟したことはない。そこからヴィクトリア朝における「文化」の特徴的思想傾向を探り当てようとしたのである。その資料は膨大な数に上った。今回本書の前半部はそのような当時の模索の一端を反映したものである。そこに当時のイギリス・エリート階級の "culture" 即「教養」と置換し、それを一つのイデオロギーに昇華しようとする知的エネルギーが歴然と披歴されているのではないか。本書からそうした当時の熱気のほどを読み取っていただけたらと思う。ヴィクトリア朝という時代は《文化》という一つの言葉が開花し、最も輝かしい光彩を放ち、喧伝された時代だったのである。

後半部分はこうして作りあげられたイデオロギーが、当時急速に発展しつつあった科学思想やテクノロジーなど様々な外的影響を受けて対応しきれなくなり、崩壊してゆく過程を表している。二十世紀に入ると西洋文明は二度にわたる大戦で未曽有の災難に見舞われた。そうした中で、二十世紀後半は "culture" =《文化》が次第に変質、分解し、やがて星雲状に巨大化しつつ拡散し、収拾がつかなくなり、やがてばらばらになって崩壊して行く姿を目の当たりにする時代である。それを食い止めようと幾多の知的努力がなされた。二十世紀はその流れを阻止しようとする涙ぐましい努力の記録とも言えるのである。だがそれはいずれも — 徒労とは言わないまでも — 中途半端なものに終わってしまった。前半部分の "culture" の歴史の流れからは予想だにしなかった事態が生じたのである。二度の大戦による二十世紀前半が生んだ世界的悲劇。これは当初先達たちが思い描いた理想とはおよそかけ隔たった結末であった。本書はその悲劇に「文化」も深いかかわりを持っていたのかを語っている。そして度重なる悲劇に遭遇して基軸となるべき根幹を失った「文化」は、いまだに限りなく分岐し拡散を続けている。「文化」の流散。その本源となる《文化》はどこに行ったのか。だれも見向きもしないが現状は極めて深刻である。その事実をわれわれはとくと認識してかからねばならない。そして改めて究極《文化》とはなにかを真剣に考えなければならない。

終わりになってしまったが、日本ヴィクトリア朝文化研究学会設立、発展に限りなく尽力された松村先生も今は亡い。謹んで拙著を先生の霊前に捧げ、その功績を称えたい。

荻野昌利

目　次

第一章　“Culture”— 新たなる旅立ち

（1）《教養》の観念はいかにして生まれたか

最初に断っておかねばならないことは、本書は A. O. ラヴジョイ（Arthur O. Lovejoy, 1873-1962）の唱えた「観念の歴史」“the history of ideas” に触発されその一環として捉えた《カルチャー》の歴史であるということ。ラヴジョイが説いたのは、初めに神が存在し、その永遠の相から存在の鎖が生成、発展を遂げつつ、歴史の中で空間、時間の相へと連鎖していく過程で自らの内包する矛盾により崩壊を始め、ついには十九世紀に至り消滅してゆく過程を詳らかにする試みだった。（詳しくは Lovejoy, *The Great Chain of Being*, 1936, 参照）。

私の今回の試みは彼のような広汎な知的領域をカバーするものではもちろんない。数多い観念（ideas）の中からカルチャー（culture）という単語を取り上げ、存在（being）同様、その言葉の生成と発展、そして崩壊の歴史を辿ろうとするものである。その変貌の過程に何か運命的な相似があるように思えてならないのである。カルチャーを《　》の括弧でくくったのは、それを今回の論考で特定した観念として扱おうとしているからに他ならない。そのことについては今後詳しく説明するとしよう。とにかく西洋社会のなかで、“Kultur”（独）、“culture”（英仏）はともにラテン語の “cultura” に起源を有し、「耕作」を意味する言葉として古くから存在していた。そして時に自然と接し、自らの精神を鍛錬することから、次第に「修行」という意味にも用いられることが多くなった。十八世紀中葉以降のことである。ゲーテ Johann Wolfgang Goethe（1749-1832）の『ウィルヘルム・マイスターの修業時代』*Wilhelm Meisters Lehrjahre*（1896）などに登場する “*Kultur*” の概念はおよそそのようなものであった。

ところがおよそ 200 年前のこと、あるときイギリスにおいて突然変異を起こし、独自の細胞分裂を始めたのである。それが十九世紀の経過とともにさまざまな観念を貪欲に吸収しながら発展をつづけ、「カルチャー」は《教養》という独立したニュアンスをもつ単語となって生まれ変わったのである。それはさらに拡大発展をつづけ、ついには今日の等しく《文化》と呼ばれる巨大星雲状の概念に膨張していった。つまりこの言葉の始祖は単細胞観念だったのである。それが時代とともに意味を拡大し、《教養》という概念から《文化》という概念が生成され、それが定着するとともに、その規模は今日も止むどころかむしろ加速度を増しつつあるようである。本論の本来の目的は，今日の収拾不能なほどの巨大なモンスターにまで発展してきた《文化》という概念の増殖の足取りを辿って、他にあまり類例を見ないユニークな単語の劇的な変化に富んだ成長発展の歴史、そして二十世紀後半に至り分裂・分解を限りなく繰り返し、ついには概念自体、正体不明な存在に至るまでの過程をできるだけ克明に追うこと、そして（少し大げさな表現ではあるが）イギリス古代叙事詩の主人公ベオウルフよろしく、この《カルチャー》＝《文化》という怪物の実体に迫ろうという欲張った試みである。

だが、ものごとには順序というものがある。「《文化》の歴史」の前段階として《教養》の概念の成立と発展があった。まずその部分が明らかにされることが先決であろう。そのためにはさらにその前段階としてその動機を促す原因となるもの、当時の社会状況、次の章題にあるような「時のしるし」についての、ある程度共通の認識がなければならない。

(2) 「時のしるし」

この題名は、新約聖書「マタイ伝福音書」第一六章三節からとったものである。イエスが彼に反感を抱くパリサイ派ユダヤ教徒たちから、おまえの言う天のしるしを見せろと求められたとき、彼らに君たちは夕焼けや朝焼けでその日の空模様を判別できるのが、どうして「時のしるし」が見えないのか、と反論したというエピソードに由来している。いきなり聖書の一節を持ち出していささか唐突だが、このイエスの言葉を今日流に言いかえれば、「現代の兆候」のこと、よく見れば空模様のようにはっきりと見えるはずの現実の姿を君たちは見えないのかという問いかけである。

この言葉を冒頭に持ってきたのは、実はこの「時のしるし」という言葉は、十九世紀イギリスを代表する文明評論家トマス・カーライル Thomas

Carlyle（1795-1881）が、1829 年、いまだ駆け出しの時代に厳しく時代を告発する評論の表題として使っているからであり、しかもその内容が現代の兆候を語るにまことにふさわしいものだからである。

この評論が発表されたのは、西洋のロマン主義の最盛期であった。この当時、彼はワーズワスやバイロンたちの華やかな活動を横目に見ながら、ゲーテなどドイツ文学の翻訳などでかろうじて飢えをしのいでいるしがないドイツ文学研究者の一人であった。「ロマン主義の苦悩」“Romantic agony” という文学史ではなじみ深い言葉がある。これは古い因習のしがらみと戦いながら、果てしのない夢を追い続ける若き芸術家群像の苦悩を表現したものだが、カーライルはまさにそのようなロマン主義の渦中に生き、その時代の精神的苦悩をいやというほど味わいながら青春期を過ごした作家であった。

そのようなしがない翻訳家が、あるとき突然社会問題を扱う評論家に転身するきっかけとなったのが、リベラル色の強い『エディンバラ・レヴィユー』（*Edinburgh Review*）という季刊誌に送ったこの「時のしるし」“Signs of the Times”（1829）と題する記事である。おそらく無名時代の困窮生活が、ある意味で彼の社会問題へ目を開かせるきっかけを提供し、将来社会派作家の先駆者として活躍をする下地を培ったのであろう。カーライルにしてみれば、これは苦しい生活の間、じっと温めつづけてきた思想を、満を持して世に送り出した自信作だったに違いない。

事実、この論文は彼の期待通りやがてヴィクトリア朝の思想的礎石の役を果たすことになる。彼はまず次のように時代の診断をする。「もし現代、われわれの時代を、なにかひとつの名称によって特徴づけることを求められるならば、それをこう呼んでみたい気になる。英雄的、敬虔的、哲学的、道徳的時代にあらず、機械的時代（Mechanical Age）であると。現代は内面外面のいずれを問わず、あらゆる意味で機械の時代、全力を傾注して手段を目的化することを助成し、教育し、かつ実践する時代である」（Carlyle, *Essays*. I, 226）と。つまり「外面的、物質的なものが機械によって統御されているだけでなく、内面的なもの、精神的なものまでが機械の支配下にある」と断じたのである。さらに彼は機械があらゆる領域に侵入して、「哲学、科学、芸術、文学、すべてが機械に依存してしまっている」(227) ことに慨嘆しつつ、具体的な例を挙げながら、政治、思想、文学、いや文化全般にわたって機械化が進んでいることを指摘し、なおもこう続けたのだった。「今日のヨーロッパの科学全般につき考えて見よ。至るところ形而上学、道徳学が衰退する一方、物理学は日々尊敬と注目を独占しつつある。ヨーロッパの国々のほとんどで、今や精神科学といったものは存在しない。物質中心の概念的、専門的科学が多少とも進歩しているだけである」(229) と。

ではどのようにしてこのような現状を打破すればよいというのであろうか。その問いかけにカーライルはこう答える。人間は本来「ダイナミック」な性質を有しているものであり、それがもろもろの精神活動の源泉であり、究極的には宗教的良心の覚醒へと連なるものである。つまりそのような精神のダイナミズムによってのみ、人間の究極的理想は達成されるのだと。だが今日の人間は「見えざるもの」への信仰を失い、「見えるもの」だけしか信じようとしない。神とか真善美といった価値はもはや崇拝の対象とはならず、利害損得だけを頼りにして生きている時代である。これこそが、現代の大いなる特徴（しるし）(signs) なのだと。これが「時のしるし」に盛り込まれたカーライルの主張の大要であり、彼の時代の診断書であった。

この評論が発表されたちょうどそのころ、イギリスは時代の大変換点を迎えようとしていた。十八世紀の後半に始まった産業革命はほぼ終焉期にさしかかっていたが、産業構造の大変革に伴う社会的な歪みとひずみ、そしてその余波である第一次選挙法改正 (1832 年成立) 直前の政治的大混乱で、国内の秩序は乱れに乱れていた。イギリスは次に来るヴィクトリア朝時代の大繁栄期を前にしての、まさしく陣痛の苦しみの真っただ中にあったのだ。

しかしこれを嘆いてばかりいたところで、事態が改善するわけのものではない。このような時代の疾病をいち早く察知し、いかに正しい処方をするかが、文明批評家としての資質の第一条件である。カーライルが偉大であったのは、以後数々の著作や論文を重ね、単に機械文明に毒された時代を批判するだけでなく、そうした時代の疾病を治療するための具体的処方箋を書いたことである。

彼の時代を憂慮する思いは、多かれ少なかれ当時の心ある人々によって共有されていたに違いない。カーライルの「時のしるし」の発表 2 年後、1831 年、彼の呼びかけに応えるかのように、『エグザミナー』（*Examiner*）というこれもリベラル系の月刊評論誌に、いまだ 25 歳になるかならずの新人評論家が、「時代精神」“The Spirit of the Age” という記事の連載を始めた。これが功利主義哲学界の期待を一身に背負って登場した若手のホープ、ジョン・スチュアート・ミル John Stuart Mill（1806-1873）の評論家としてのデビュー作品だった。やがてカーライルが代表するいわゆる反主知主義者と呼ばれる反理性勢力に対抗するもう一方の大勢力、主知主義派の領袖となるべき運命の青年が、これも時代変化の相をいち早く感知し、先輩評論家とほぼ時を同じくして新たな時代への対応の必要性を訴え、名乗りを上げたのである。またこれによって彼もこれからの十年間がイギリスにとって大きな変革の節目の時期となることを予知できる、天性の優れた時代洞察力の持ち主であることを証明して見せたのであった。

ちなみに彼の父ジェイムズ James Mill（1773-1836）は、既成の価値観を洗いざらい問いただし、新たな秩序体系に構築しようとする功利主義哲学の開祖ジェレミー・ベンサム Jeremy Bentham（1748-1832）の親友であり、なおかつ彼自身著名な功利主義哲学者だった。ミルはそういう父親を含めた先輩思想家たちの期待を一身に背負って登場したのである。おそらく彼の背中には、相当のプレッシャーがのしかかっていたことであろう。そんな気負いと若さのせいだろうか、この論文には、生涯彼を特徴づける緻密な論理がいささか生硬で青臭く、議論に精彩を欠いているところが見え隠れするが、それでも彼の「時代精神」の診断（カルテ）は一読に値するものである。

彼はまず「現代の支配的特徴の第一のものは、これが過渡期であるということである。人類は古い制度や教条がすでに体に合わなくなってしまっているが、いまだに新しいものを身につけていない。体に合わなくなったと言っても、さりとてそれを予見して判断しようとする意図もない。26 歳の人間は 6 歳の人間よりも、より良くもより幸福でもないかもしれない。だが、6 歳の体に合う服は、今の彼には合わなくなっているのである」（「時代精神」

I, 5）と。ここでミルの用いた「過渡期」という言葉は、この時代を表すのにまことに適切なものだった。彼によれば、歴史を振り返って見ると、国家・社会は「自然な」状態にあるときと「過渡的な」状態のときとの、二つに分類される。自然状態とは、世俗的権力と道徳的影響力がその社会が提供できるもっともふさわしい人物によって、円滑に統御されている状態を言い、それに対し過渡的状態とは、この調和が破綻し、いまだ新たな自然状態への道が開かれていない状態を指すものである。彼の診断によれば、現行のイギリス社会は思想・信仰の自由を求める人民の力を前にして既存の権威が揺らぎつつあるものの、いまだその自由を十全に発揚させるための、新たな政治的かつ道徳的権威を見出しえないでいる、つまり新しい時代への「過渡的」な状態なのであった。

(3)《教養》の源流を求めて―古典ギリシャ「パイデイア」への旅

ではイギリスにおいて高まりつつある新たな息吹、私たちの本題である《カルチャー》の転身としての《教養》の歴史の始まりをどこに置いたらよいのか、これはこの歴史を語ろうとするものにとって、大変に悩ましい問題である。そもそも《教養》という概念の発生起源が判然としない。もし「教養主義」という言葉を用いるのであれば、《教養》という概念が、イデオロギー化する程度までに十分に生育していなければならないであろう。肝心の《教養》の去就が定かならぬ段階で、《教養主義》云々は、いわゆる論理学で言う「名辞矛盾」もはなはだしいではないか、そんな批判を受けるのは当然かもしれない。だが、その批判を承知の上であえて言訳がましい弁解をさせてもらえば、この言葉が《教養》という意味でイギリスにおいてある特定の思想家によって、ある特定の作品や講演のなかで最初に用いられ、それを契機にしてこの観念の歴史がスタートしたという確たる証拠があれば、これほどに悩むことはなかったであろうが、そんな都合のよい例は観念の歴史では滅多にないことであって、大抵の場合、その観念がいつごろ明確な形となって実在するようになったか、その発生源や時期を特化できないままに、気がついたときにはすでにひとつの観念として存在権を獲得しているといった場合がほとんどなのである。

観念の成立は宇宙に譬えれば星雲の誕生にどこか似ているところがある。まずどこかに何らかの傾向が現れる。それが次第に形状を整えやがて星雲に発達するようになるとき、それに名称が付けられることになる。観念も同様に社会に浮遊している模糊としたモード状のものが、やがてまとまった形態のものとして認識されるようになるとき、それに言葉が与えられることになる。そしてそれに周囲からさまざまな観念がそれに付着して、はっきりとした形状を備えるようになるとき、ひとつの概念として生存権を得るようになるのである。

このことは「教養主義」という言葉についても言えることである。そもそも教養主義とはなにか、その観念自体が問題である。日本語の「教養主義」という言葉がいったいだれによって創出されたか、私は不肖にして知らない。ただ竹内洋氏によれば、少なくとも大正末期頃には一般の教養への関心と普及が進み、知識人の間である程度概念的に理解されるものとなっていて、そこから日本の風土に独特の「教養主義」という半ばイデオロギー化された思想が―残念ながら、竹内氏は「教養主義」という言葉に明確な定義を与えていないが―正式に認知をされないままに、すでにひとつの文化の一形態として、既成事実化されていたということである」（竹内洋『教養主義の没落』）1章参照。（ちなみに『小学館国語大辞典』、『広辞苑』第五版のいずれにもこの語は載せられていない）。

同様なことは英語についても言える。“culture” がある以上、“culturism” という言葉があってもよさそうなものだが、*OED* に 1886 年一度使用された例が、それも “culture” を皮肉った用例として載せられているだけで、それ以外に使われた形跡はないし、少なくともそれは一般の英語辞典には載っていない。しかし、《教養》を第一義的な教育目標に掲げた考え方は、十九世紀初めには、少なくとも知識階層には、相当程度普及していた。ただそれがイデオロギー化された形で国民一般にいつごろから定着するようになったか、それがはっきり見定められないのである。しかも厄介なことに、時代とともに “culture” という言葉は十九世紀が進むにつれて、さながら巨大星雲のようにつねに増殖しつづけ、次々と新たな概念が付着して肥大化していった。《教養主義》もそうした中から生まれた概念のひとつである。それは単語としての独立権を持たないままに、"culture" にぴったり寄生して、その時々の必要に応じて勝手に使い分けられ、それがもとでこれまで散々論争の火種を撒き散らす原因を生み出してきた、実に厄介ないわく因縁つきの言葉なのである。

ただ、この教養主義という言葉が概念として、イギリスにいつごろ定着するようになったのか、明確な時期は特定できないとしても、現実にその思想がイギリスの教育の在り方を大きく塗り替えようとしていたことは紛れもない事実であった。それは彼らがこの概念を活用するのに格好のモデルとなるものを、古典ギリシャの文化に見出したことに始まる。これもロマン主義の波の大きなうねりのひとつであろう。プラトン、アリストテレス、とくにネオ・プラトニズムなど古典ギリシャの学問研究は、この時代とりわけ大学においてルネサンスに勝る勢いで復活顕著なものがあった。こうした一連の研究活動のなかで、プラトンの開設したアカデメイア（Akademeia）における「パイデイア」"*paideia*" が改めて教育者たちの注目を集めだしたのである。

この議論に参考になるのは、古典ギリシャ研究の世界的権威ヴェルナー・ヴィルヘルム・イェーガー W. W. Jaegar（1881 - 1961）が、死の前年にハーヴァード大学で行った講演をまとめた『初期キリスト教とパイデイア』（筑摩叢書、1960）である。ここで用いられている「パイデイア」とは、「育児」、転じて「教育」、「文化」、「学問」を表す古典ギリシャ語で、訳者野町啓の「あとがき」によれば、「子供を一定の理想なり完成へともたらすために、知識を与え、訓育をほどこす、人間の意識的な努力（教育）、およびその所産（教養）を意味する」、つまり今日の《教養》と極めて似通った含蓄の言葉ということになる。イェーガーは、この講演の中で、古典ギリシャ人のこの「パイデイア」の精神が、西暦二、三世紀頃のアレクサンドリアなど中近東のヘレニズム文化を経て、以後のキリスト教世界に受け継がれていった、つまり、今日のキリスト教文化にはギリシャの「パイデイア」の精神が脈々と流れていることを、聴衆・読者に諄々と説いて聴かせた。彼は「パイデイア」についてこうも言っている。

> ギリシャ人は、教育を、人間を主体にし、その発達段階の面からばかりでなく、あわせて、教材がそれに及ぼす影響をも考慮に入れている。ギリシャ的教育の特質と、その他の諸民族の抱懐した教育概念に対する独自性は、まさにこの点に求められる。〔……〕初期においては、ホメロスがこのような形成的原型の意義を持っていた。時代が下がるにつれ、ギリシャでは、一般に詩が、そのような役割を果たすようになる。最後には、「パイデイア」という言葉が、ギリシャ文学全般をさすようになる。ギリシャには、「パイデイア」以外に、文学全般を示す適当な言葉はなかった。ギリシャ人は、今日われわれが「文学」と呼んでいるものを、それが歴史を通して、社会の中で果たしてきた機能の観点からみるのが、最も妥当だと考えたのである。教育の分野に、かなり理論的な科目が加えられ、「教養科目（リベラル・アーツ）」が体系化されてくるのは、比較的あとになってからである。「教養科目」には、まず「弁論術」が、最後に「哲学」が加えられた。他の諸科目は「哲学」の予備教育の意義を持つとされていた。プラトンにみられるように、哲学は、「教育」の最高段階をなすものと考えられていたのである。（イェーガー、109-10）

もしここからギリシャを指示する固有名詞を消去してしまえば、この引用を読んで、これが古典ギリシャの教育を論じていると判断できる人は、おそらく少ないであろう。のちのいわゆる「教養科目」中の多くの学科目が、すでにプラトンの開設した「アカデメイア」において、カリキュラムに採択されていたということは、いかにギリシャの「パイデイア」の思想が、キリスト教支配化の大学に浸透していったかを示す有力な証拠となるものである。ここに教養主義の原型が示されていると言ってもよいのではないだろうか。

事実、イギリスにおける「自由七科」の歴史は古く中世にまで遡る。明らかに古代の「アカデメイア」の精神が、そこに継承されていたのである。ただこの伝統はイギリスにおける《教養》、あるいは《教養主義》の原型となり得なかった。これもすでに述べたように、長い年月を経る間に、ギリシャの「パイデイア」から受け継がれたはずの大学教育の理想は次第に色あせ、ほとんど形骸化してしまい、十九世紀に入るころまでには、オックスフォド、ケンブリッジいずれも、大学とは名ばかりで、実態は有閑階級の子弟の、極言すれば暇つぶしの場と化してしまっていたのである。

私がここでイェーガーの『初期キリスト教とパイデイア』をあえて持ち出したのは、十九世紀近代社会と“culture”との関係が初期キリスト教と古典ギリシャの「パイデイア」との関係に多少似かよった状況にあったということを指摘したかったからである。十九世紀初頭というのは時代の大きな変わり目であった。西洋とくにイギリスは産業革命の大波に洗われ、社会全体が構造変化の渦中にあって、近代社会へ生まれ変わるための陣痛の苦しみを味わっている最中だった。国際関係の緊張が国民のナショナリズム意識を覚醒させ、それがまたロマン主義の波のうねりと波長を合わせるように、有識者たちの教育への関心を一段と発揚させることになった。新しい時代、とりわけ十九世紀のようなダイナミックに変動する時代には、新しい理想を必要とする。このような新しい時代のニーズに適う新しい「パイデイア」、それが“culture”であり、そしてそれをさらに一歩進めて、ひとつの理想目標に仕立てあげたのが、《教養主義》というイデオロギーではなかっただろうか。それにはその理想を伝達するための橋渡し役がどうしても必要である。ギリシャの「パイデイア」の思想を、キリスト教に橋渡しをしたのがヘレニズム時代のクレメンスとオリゲネスであったとすれば、それと同等の役を演じたのが、十九世紀イギリスのコウルリッジ Samuel Taylor Coleridge（1772-1834）とJ. S. ミルだったと、私は考えている。

(4)　胚子的精神—ベンサムとコウルリッジ

果たして読者は私が本論の「序章」で引用したミルの言葉を覚えているだろうか。「時代精神」と題する時事評論のなかで、ミルが「現代の支配的特徴の第一のものは、これが過渡期であるということである。人類は古い制度や教条がすでに体に合わなくなってしまっているが、未だに新しいものを身につけていない」と断じ、イギリス社会は、思想・信仰の自由を求める人民の力の前に既存の権威が揺らぎつつあるものの、未だその自由を十分活用するための新たな政治的かつ道徳的権威を見出しえない状態であると主張していたことを。彼は時代が大きく変わろうとしていることを、はっきりと認識していた。そして、「時代精神」を発表してからおよそ十年後、地味であまり目立たない仕事だが、十九世紀を代表する二人の思想家を扱った思想史上極めて重要な論文を発表した。それが『ベンサムとコウルリッジ』*On Bentham and Coleridge* で、まさしくこうした時代の変わり目に現れるにふさわしい作品だった。

ただし、この作品は、今日この題名で一冊にまとめられているが、そもそもは、1838 年と同 40 年に当時彼が主幹を務めていた『ウェストミンスター・レヴュー』*Westminster Review* という革新系の雑誌に、「ベンサム」、「コウルリッジ」と題して別々に発表されたもので、その内容から判断して、ミルにはこの二点をいずれまとまった形で出版しようという心づもりがあったようだが、生前にそれが実現することは、ついぞないままに終わった。

そんな作者のもくろみがはっきり読み取ることができるのが、「ベンサム」論の書き出しの部分である。まず彼は「近年に世を去った二人の人物がいる」という言葉で語り始める。そして、この二人は思想も性格もまったく対蹠的なものであったにもかかわらず、イギリスの思想界のみならず、一般の人々のものの考え方に甚大な影響を及ぼした国家的恩人であると、口を極めて絶賛したのである。

> われわれが語ろうとする作家はいずれも大衆に読まれることはなかった。彼らの作品のごくわずかなものを除けば読者は少数だった。しかし彼らは教師中の教師だった。今日イギリスのひとかどの人物で（のちにどのような意見を採択したとしても）最初にこの二人のいずれからか、ものの考え方を学ばなかった人を見出すことはほとんどできないであろう。彼らの影響は間接的な回路を経由して、社会全般に拡がり始めたばかりである。とはいえ、教養ある階級に向けられた何らかの重要性をもった出版物で、たとえこの人たちがいなかったとしても、現在の形態のものと変

> わりはなかったと言えるようなものは、ほとんどないといってよい。この二人というのは、彼らの時代の二大胚子的精神—ジェレミー・ベンサムとサミュエル・テイラー・コウルリッジである。(39-40、傍点引用者)

確かにこの二人は「胚子的精神」と呼ぶにふさわしい偉大な存在であった。今日的視点に立って見ても、この点に関しては評価にさしたる変わりはないであろう。ここでは「胚子的精神」と訳したが、原文の "seminal minds" は、「(動物の精液や植物の種子のように) 新たな生命を産みだす可能性を秘めた精神」という意味である。ベンサムの死んだのは 1832 年、コウルリッジは同 34 年。死後間もない彼らの巨大な業績に対していまだ確たる総合的評価のしにくい時点で、すでにこのことを断言できたミルの時代を読む目の鋭さはさすがと言わざるを得ないしたたかさがある。

ここで『ベンサムとコウルリッジ』の内容について、私なりの解説をまじえながら少し詳しく紹介しておこう。

(i) ジェレミー・ベンサム

だれでも「最大多数の最大幸福」(the greatest happiness of the greatest number) というコピー・ワードを耳にしたことはあっても、それがベンサムに由来することを知る人は、さほど多くはないであろう。それほどベンサムの名前は、今日私たちの記憶から遠ざかって過去のものとなってしまった。しかし少なくとも十九世紀の前半においては、彼は思想界だけでなく社会全般に大きな影響を及ぼした功利主義哲学の創始者として、イギリスにおけるその存在感は圧倒的なものだった。「あらゆる運動は」とミルは主張している、「直接革命にかかわるものを除けば、その運動の創始者によってではなく、新旧の意見をいかに妥協させるかをもっともよく知るものによって推進される。教義的にも制度的にも、イギリスの改革の父はベンサムである。彼は、彼の生きた時代と国家を代表する偉大な破壊的、もしくは、大陸の哲学者の言葉を用いれば、偉大な批判的思想家である」(*Bentham*, 42. 傍点部分、原文イタリックス) と。

ここでミルが「破壊的」、「批判的」と評した理由は、ベンサムが想像を絶するほどの厖大な量の既存の教義や制度の一つひとつを、有効か否かで徹底的にふるいにかけ、廃棄すべきもの、改良した上で存続すべきものというように、容赦のない裁断を下し分類したからである。

その判断の基準になるのは次のような法則であった。人間は本来快楽を愛し、苦痛を憎む生物であって、つねに快楽を志向する傾向を有している。それゆえ、快楽の量が大きければ大きいほど、それに比例して幸福の量も大きくなるはず。と言うことは、人間の行動はつねにその結果によって判断されるということである。快楽量が大きかったか、苦痛量が大きかったか、それは行動の結果を天秤にかけてその都度計量してみないとわからない。その計算を容易にするため、彼は快楽と苦痛を種類別に分類しようとする。たとえば単純な快楽としては、感覚、富、名声、権力、親睦、敬虔、慈善、期待、休息など、14 種類、苦痛には、感覚の苦痛、貧困、敵意、不名誉など 12 種類を挙げている。さらにその分類に影響を与える条件として、32 種類をリストアップして、それによって量的な変化を計算して幸福か否かを決定するというやり方である。つまり（これはミルからの引用ではないが）彼の有名な言葉を引用すれば、「一方で全快楽の全価格を総計し、もう一方で全苦痛の全価格を総計し、その差引き残高が快楽の側にあるのであれば、おおむねその行動は良い傾向のものであろうし、〔……〕苦痛の側にあるのであれば、おおむね悪い傾向のものであろう」(Basil Willey, *The Nineteenth Century Studies*, 136 の引用から。傍点部分、原文イタリックス）ということになる。このような価値観に基づけば、「偏見は別として、おはじき遊びは音楽や詩など諸芸術と等価のものである」(*OED*, "push-pin" の引用から）ということも、ベンサムにおいては可能なものとなるのである。

ミルはこの偉大なベンサムの功利主義の思想継承者であるとともに完成者でもあった。だからと言って、物事をその効用面からのみ判断しようとする恩師のあまりに即物的な考え方に、彼が全面的に同調していた訳ではない。ミルがミルたるゆえんは、まさにそこにあるのであって、この「ベンサム」論が独特の精気を発するのは、彼が厳しく師の精神構造の欠陥を指摘して憚ることのない点にあると言ってよい。

> ベンサムの考えでは、人間は快楽と苦痛を感受する能力を持っていて、そのすべての行動において、一部はさまざまな形の自己利益と一般的に利己的と分類される感情によって、そして一部は他人に対しての同情、時としては反感によって支配されている存在ということになる。〔……〕
> 〔しかし〕彼は人間を精神的完成そのものを目的として追及できる存在としてけっして認めようとしないし、また、自らの意識の外側に起源を有する善の希望とか悪の恐怖とは別に、自らの規範とする理想に自らの性格を準拠させることを、ただそれだけのために、欲望できる存在としても認めようともしない。良心というさらに限られた形のものの場合でさえも、この人間性の偉大な事実が彼の視野に入らないのである。彼の著作のどれをとって見ても、良心の存在を博愛心と神とか人への愛情とか、現世や来世における自己愛と別個のものとして、認めないでいることほど奇妙なことはない。(*Bentham*, 66)

この部分は単にベンサム批判であるだけでなく、ミルの拠って立つ功利主義思想への自省の弁としても読めないこともない。彼の幼年時代からの精神形成の経緯については、その『自伝』*Autobiography*（1873、死後出版）に詳しく語られているので、それを参照していただこう。ここでは、彼がベンサムの親友でありその哲学の熱烈な信奉者でもあった父親ジェイムズ・ミルにより、徹底した教条主義的功利主義教育を幼児期から少年期にかけてたたき込まれ、その後遺症に青年期に入ってから大変に悩まされたという苦い思い出があったことだけを、簡単に述べるに留めて置くことにする。彼にしてみれば、人間形成の場において、功利主義がとかくないがしろにしてきた利害損得・快苦以外の心的・情緒的要素を、どのようにしたら効果的に育めるか、このことが終始脳裏に付着して離れない問題であったに違いない。彼のベンサム批判の奥には、実はそうした過去に受けた知性一辺倒の教育のいわば反動として、情操教育を含めた全人格的教育の必要性への深い思い入れが隠されていたのである。

不思議なことに、ミルの「ベンサム」論は、理由は定かではないが、ベンサムの立法・行政の両面で果たした功績について高く評価する一方で、教育面での業績についてほとんど触れていない。実際は、ベンサムの教育制度の改革—その是非は人によって判断の異なるところであるが—に果たした功績は甚大なものがあった。彼は個人の幸福だけでなく、社会の改善にも積極的に奉仕するような人材をより多く育成するために、教育の必要性を痛感していた。単に中産階級以上の余裕のある階級だけではない、貧しい労働者階級にも教育の場を提供し、少なくとも読み書きの能力だけは身につけさせ、社会の一員としての道徳心の涵養を図ることの必要性を訴え、今日の義務教育に近い国民的規模の教育制度の設立を提言するほど、教育に寄せる関心は強かったのである。

しかし、それと多少矛盾するようだが、ベンサムがとりわけ力点を置いたのは、中流階級以上の裕福な子弟の教育であった。彼はそれを独自の教育論にまとめ上げ、『クレストマティア』*Chrestomathia*（1816）という書物として出版した。題名はギリシャ語で「有益な学問」、つまり「実学」という意味である。それの内容は『イギリスの政治思想』*Political Thought in England* の著者デイヴィッドソン W. L. Davidson によると、次のようなものであった。

彼〔ベンサム〕の実学的教育の運用原則は次のようなものであった。第一に、意図的に道徳と宗教を排除して、単に知的学習を目標とした。〔……〕次に、（彼が書いている当時はまだ自明のものとは言えなかったので）彼の教育方式の立場の説明に取り掛かる。まずは有用なもの、生徒の後々の人生でもっとも役に立ちそうなものから始めよ、と。これは、ある程度当時流行の学校や大学における古典支配に対する反逆だった。ベンサムは個人的には古典の学習に悪意を抱いていた訳ではない。彼自身は優れたギリシャ語とラテン語の学者だったし、彼のおびただしい専門用語にギリシャ語の知識を存分に活用していたからである。しかし彼は、たとえば国会議員には、死んだ言語の学習よりも、それ以外の分野での基礎的な学校教育がいっそう効果的なものだと感じたのである。彼は青少年の精神を自然と自然科学に親しく接触させて、その素晴らしい世界の構造や、営み、現象の数々に興味を持たせることによって、精神の活性化の要望に応えられるようにすることができると信じていた。同様な理由で、彼は彼の計画案のなかに知的な知識だけでなく、「実用的な」技術を含め、それに加えて現代語の教育的価値を正当に認知した。(Davidson, 57-58)

このベンサムの功利主義的教育論が、どれほどその後のイギリスの教育制度改革に影響を及ぼしていったか、ここでその点につき深入りするつもりはない。皮肉なことだが、彼の実学擁護の主張は、それの反宗教的色彩を排除すれば、功利主義を天敵とするピューリタンの反教養主義的風土にとって、大変に座り心地のよい理論であったことは確かである*。

(*それともうひとつ、デイヴィッドソンの解説を読む限りは、ベンサムの考えは現代日本の、いや日本だけではないかもしれない、世界中の大学の、人生に直接役立つ教育を建前とする「実学」最優先の教育理念の先駆けとして読めるように、私には思えるのである。現在の日本の教育そのもののあり方が―それの直接的影響の有無は別として―理念的な面で、ベンサムの功利的実学主義の教育観と密接に通じ合うものを持っている、この類似性はぜひ指摘しておきたいことである。そもそも近代日本には、明治の初期からヴィクトリア朝期のイギリスと似通った功利主義思想を積極的に受け入れようとする精神風土が存在していた。その風土に育まれ、今日流行の実学優先の教育観は成長してきたのだと、これははっきりと断言できる。考えて見ると、ベンサム流功利主義は極めて日本の風土に適した思想なのである。彼についてもっともっと関心が支払われてしかるべきである。)

ミルがベンサム流の「有益な知識」に偏りすぎた実利一辺倒の教育に必ずしも賛同してはいなかったことは、明らかである。彼のベンサム批判は、一面このような功利主義的教育のあり方への批判でもある。そして、これが彼をしてベンサムの教育論を意識的に回避させる理由となり、第二部の「コウルリッジ」論で展開されることになる教養主義の、隠された動機となるものである。

(ii)　S. T. コウルリッジ

言わずと知れたワーズワスと並ぶイギリス・ロマン派の大立者である。詩人としての方が有名であるが、彼の後半生の仕事のほとんどは随筆、評論に費やされた。教育に関する論述もそのなかに数多く含まれている。そして、ミルはコウルリッジの教育に関する記述に注目し、それに「コウルリッジ」論のなかでもとりわけ多くのスペースを割いている。「ベンサム」のところでは寡黙を貫いたが、逆にそのライバルのコウルリッジのところで思い切り羽根を伸ばして語っているのは、おそらく余計な気配りをする必要がなかったからであろう。ミルにとってそれほど教育は、この執筆当時、強い関心を抱いていたテーマだったからであり、それこそが国家の安定と秩序の大前提となるべき問題と見なしていたからである。「コウルリッジ」論は、そうした彼の教育に対する思い入れが、掛け値なく前面に打ち出されたものであり、彼の《教養》に対する考え方が、はっきりと提起された最初の論文となるものだった。

彼はまずフランスの啓蒙主義哲学やドイツの観念主義哲学をひとわたり点検したあとで、その経験から帰納して、永続的社会が存在するのには「つねに何らかの必要が存在し、何らかの条件が満たされた」時であると考える。そのためには、まず市民のための「幼年期に始まり、生涯継続されるような教育制度」が存在することであり、そこで絶えることのない「強制的訓練」（原文イタリックス）、すなわち「人間個人の衝動や目的を、社会の目的と考えられるものに従属させ、〔……〕その目的に向かって進もうとする感情を督励する習慣と力を鍛錬」することを可能にする場が用意されていること。第二に、特定の政治に対するものではなく、「国家の体制に存する確固として、永遠なるもの、疑問の余地のないようなもの」への忠誠心を旺盛にすること。そして第三に、共同体もしくは国家の構成員の間に強くて活発な「粘着性のある原理」、つまり強固な連帯の意識が働くよう努力することが必要であると説いた。そして究極確固とした国家的教育制度と機関の成立の必要

性を訴えたのである。(121)

コウルリッジは、ミルによれば、このような強制力を有する訓練と個々の才能を活性化するような国民教育のうちに、社会の永続性と進歩の主要な原動力と資源となる可能性を見出そうとした人だった。強制力を有する訓練と個々の才能を活性化するような国民教育のうちに、将来社会の永続性と進歩の主要な原動力と資源となる可能性が存在する。それを見出すために、個人の才能の開発・強化、すなわち《教養》の充実が大切なのであると。はたしてコウルリッジがミルの言うように考えていたかどうか、それには疑問符がつくであろう。しかし少なくともミルはそう考えたのである。そして、その発想はミルの《教養》へのこだわりが遺憾なく発揮されているといってよいであろう。より組織化された国家的規模のもとでの個人の才能の開発・強化、すなわち《教養》の充実が大切なのだと。自分の少年期の経験に照らして個人の英才教育には限界があることを、彼はよく知っていたのである。

このようにコウルリッジの考え方には、当然ミルの《教養》へのこだわりがはっきりと反映されている。彼は偏狭な国家主義を容認しない。汎世界的視野に立って、世界中の優れた文物を摂取する。ミルによれば、アテネ、スパルタ、ローマ、シナ、エジプト、アラブ、それらすべてのものが、それぞれ独自の教育法を持ち、文化を持っている。これを学び取り、今日の教育に活用すべきだと言うのである。

注目すべきことは、ミルが「パイデイア」という言葉こそ使っていないものの、明らかに古典ギリシャ文化、とりわけプラトンの「アカデメイア」を意識していることである。「パイデイア」は、ギリシャにおいては、教育であり、教養であり、その総体としての文化だった。少年期よりギリシャ文化を学び、プラトン、アリストテレスに精通していた彼が、ギリシャの「パイデイア」を彼の教養主義の典例としたとしても、何の不思議もないだろう。

このようにコウルリッジ＝ミルの《教養》観は、つねに歴史を容認し、古今東西の過去に蓄積された資源を取捨選択し、優れた価値のものを現代、さらに未来へと継承するべきものとして積極的に評価しようとするものであった。

ただし、ミルは先輩のカーライルのように、個人のヒロイックな神秘的霊感の力が、この条件を満足させる社会を構築するための原動力になるとは考えてはいない。この点いかにも功利主義哲学の申し子らしく、「純理論家たちの広くて分析的なものの見方と実践家たちの観察力と聡明な応用の才能が結合することによって、努力辛酸の末により良い制度とより良い教条が作り上げられなければならない」（128）という考え方に立とうとする。これがなされないうちは現状のさしたる改善は望むべくもないのである。

ではいかなる人物がその範疇に当てはまるのであろうか。ミルによれば、それは「哲学的に〔フランシス・〕ベイコン流の探求精神で研究を続けるだけでなく、歴史哲学に精通したコウルリッジとその後続者たちであり、彼らこそが「人間文化に向けてあらゆる思想家のなかで最大級の貢献をした人たち」である。彼らは従来の「白痴によって語られる響きと怒りだけで何の意味もない物語」（シェイクスピア『マクベス』より）に過ぎなかった歴史を、原因と結果の学問（science）に作り変え、「歴史を想像力にとってロマンスのような興味ある対象とし、〔……〕未来を予言し指導する唯一の手段として提供した」（131）のである。

またミルがここで “culture” という言葉を従来とは異なる、今日的な《文化》という含蓄で用いていることも特筆してよいであろう。彼はこのときすでに “culture” が、単に彼が主導する《教養》だけではない、のちの世代に定着することになる《文化》そのものを概念的に包括している複層的要素があることを、はっきりと認識していたのではないだろうか。*OED* の “culture” の項を引くと、「知的発達の特別な形式もしくは類型。または、一民族の、特にその発達や歴史のある段階における、文明、習俗、芸術的成果」（項目5-b）という、いわゆる《文化》の意味では、1867 年の文献を初出例として引用している。このように一般には《文化》という概念は《教養》より少し遅れて誕生したと見なされている。それまでは文化はあってもそれを表す言葉がなかった。しかもこの新しい概念には、従来からの《教養》という意味が付加され、しばしば混同して用いられているという但し書が付けられているが、少なくともミルの用法を見る限り、1840 年のころには “culture” という言葉が、すでに《教養》から一部離脱して、《文化》というニュアンスを込めて用いられていたことを示す有力な証拠となるであろう。

話題を戻す。このようにコウルリッジによって新たな概念を獲得した《教養》は、つねに歴史を容認し、過去からの蓄積された資源を取捨選択し、優れた価値のものを現代、さらに未来へと継承するべきものとして積極的に評価しようとする。たとえば、彼のイギリス国教会制度を存続するための論拠は、国土の一部を保有し、その生産物の一部を「知識の進歩と社会の文明開化のため」の資金として活用して「永続的な階級・秩序を支援し維持すること」に置かれている。このような階級のなかから選ばれたさらに少数のものが、「人文科学の原点に立ち、既存の知識を涵養し拡大するとともに、自然・道徳諸科学の利益のために監視の目を光らせる」役目を担った、コウルリッジ独特の用辞で「クレリシー」（clerisy）と名付けられたエリート知識集団である。この集団は、彼の『教会・国家制度論』*On the Constitution of the Church and State*（1829）V 章からの直接引用によると、「あらゆる宗派の学者と、法律と法制度、医学と生理学、音楽、軍民の建築学の賢人と教授で、それに加えて数学的知識を共有する人々、要するにいわゆる自由科学（liberal arts and sciences）のすべての領域の学者を包括するものであった。」そして、その学者ピラミッドの最高位に位置するのが神学者たちだった。その理由を、コウルリッジは次のように述べている。「神学には諸言語の解釈、過去の出来事、すなわち民族・国家の重大な時期や革命などの保存と伝承、記録の継続、〔……〕そして最後に、いわゆる「原論」（prima scientia）と呼ばれる基礎知識—哲学、すなわち概念の学問的訓練—これらすべてのものが包含されていたからである」と。（以上 142-44）

特に断るまでもないが、この作品はコウルリッジの思い描いていた理想国家・教会のありようを論じたものであって、過去形で語られているが、現実にあった話ではない。また彼の想定する教会も神学も、それはあくまでも彼独自の創案になるものであって、現実のイギリス国教会のそれとはかけ離れたものである。さらに、ここに列挙された「クレリシー」の統括する学問分野は、イギリスの大学の伝統的「自由七科（リベラル・アーツ）」に基づいたものである。コウルリッジの意図は、現実の旧弊でばらばら、統率性のないカリキュラムを、ピラミッド型の秩序に構築し直し、全体的に機能化することにあったと思われる。ただ（これはコウルリッジのいつもの悪い癖なのだが）彼はそれを組織的に体系化することなく、中途半端で切り上げてしまった。

しかし、少なくともミルは、コウルリッジの構想にいわゆる「教養主義」の原型と言えるものが提示されていることを、はっきりと読み取ったに違いない。「クレリシー」というエリートの教員集団による包括的基礎知識の訓育、教養主義的な一般教育、すなわち「高等一般教育」（liberal education）の方向性が示されていることを。そして、その概念をさらに明確化しようとして、彼が「クレリシー」の部分を引用していることは間違いがない。

（iii）J. S. ミル—いずれを立てるか

文芸評論家レイモンド・ウィリアムズが『文化と社会』*Culture and Society*（1958）のなかで、この評論集〔『ベンサムとコウルリッジ』〕は、「ミルが『彼らの時代の二大胚子的精神』と呼ぶものを一緒にしたものである。だが本書を読んで明らかになることだが、結果は二つの精神ではない、三つの〔胚子的〕精神を結合したものになっている」（III, 49）と言っているが、まことに正鵠を射た言葉である。明らかにミルの意図は、ベンサムにはなく、コウルリッジにある貴重な教育提言を発掘して、それを新しい教養主義的概念の酵母として、新たな酒蔵に入れて発酵させることにあったと思われるからだ。

功利主義が確かにさまざまな制度改革に貢献してきたことは事実である。しかし、理性を優先するあまり人間性のもうひとつの大切なもの、人間の情緒的部分をないがしろにしてしまっていることを、ミルは自らの苦い経験からよくわかっていた。20 歳台の前半、彼は過度の頭脳酷使がたたって、深刻な情緒的欠乏状況に陥って、生きる望みさえも失いかけた時があった。そんな精神的危機状態にあるとき、彼を救ってくれたのはワーズワスのような詩人の作品を読んだり、演奏会で音楽を楽しんだりすることだった。芸術の息吹が彼のなかで閉塞されていた情緒を甦らせくれたのである。ミルの『自伝』*Autobiography*（1873）の中でこの精神的危機からの脱出を語るくだりは、知的活動だけで人間は生きてゆけないことを私たちに教えてくれる、もっとも感動的であると同時に貴重な記録である。

実はこの青春期の苦しい経験が、彼の知性活動と情緒活動を包括する形のオールラウンドな《教養主義》の発想の源となっているのではないだろうか。忘れてならないことは、この評論集が書かれた時期というのは、カーライルとも親交を深め、彼の率いる反主知主義の陣営に接近していった時期と符合しているということである。のちに彼は『自伝』のなかでこの当時を振り返ってこう述懐している。「カーライルの初期の著作は、詩とドイツ形而上学の霞がかった世界に思えた。そのなかで唯一はっきりしていることは、私の思考様式の基礎となるほとんどの意見〔……〕への強い敵意だった。〔……〕実際､彼が真実を語るときの素晴らしい迫力は、私に深い印象を刻み付けた。そして長い間、私は彼の熱烈な賛美者の一人であった。だが、彼の著作が私に及ぼした良いところは、哲学の形でなにかを教えてくれたということではなく、詩の形で活力を与えてくれたことである」（『自伝』105）と。『自伝』の主要な部分が書かれたのは1850年代のこと、すでにこの当時彼とカーライルとの仲はすっかり冷却していた。そのことを割引いても、ここの引用は当時のミルの反主知主義陣営への心理的傾斜のほどをかなり正直に告白したものと見てよいであろう。

このように『ベンサムとコウルリッジ』は、ミルの心理が左右に微妙に揺れ動いていた1830年代最後の作品である。それを反映してか、基本的に功利主義的な立場を保持しようと努めてはいるものの、時として身内であるはずのベンサムへの批判がつい顔をのぞかせ、逆にその反動でコウルリッジへの共感の度合いが高まっていることは否めない。そうした共感がもっとも鮮明に表明されたのが、コウルリッジの名を借りて、いわばこの偉大な先輩を隠れ蓑にして、論中に盛り込まれている彼独自の教養主義的思想ではなかったろうか。

しかし、彼の「コウルリッジ」論は、あくまでも表向きコウルリッジを論ずることに主眼が置かれているものであり、ミル自身の教養主義の概念を正面切って訴えようとしたものではない。彼の教養主義の理想がまとまった形ではっきりと姿を現すのは、30 年近くのち、今や地位も名声も掌中に収め、周囲に気兼ねすることなく発言できるようになったとき、スコットランド国立セント・アンドルーズ大学で行った『名誉学長就任講演』（1867）を待たなければならない。ここでは彼の《教養主義》思想の誕生の経緯について語るに止め、その講演の内容については、改めて次章で詳しく論じることにしよう。

その前に、私たちはイギリスで新たに台頭しつつあるもうひとつ別の—しかし看過し黙殺することをけっして許さない—勢力の動きに注目してゆかねばならない。

第二章　大学の理想像とはなにか
―二つの大学論―

(1)　J. H. ニューマンの『大学の理念』

(i) その成立までの経緯

前章では、教養主義の歴史を開いた作品として、J. S. ミルの『ベンサムとコウルリッジ』について多くのスペースを割いて語ったが、イギリスの教養主義の歴史を語る際に、彼とともに忘れてはならないもう一人の重要人物が、十九世紀イギリスの生んだ最高の宗教思想家ジョン・ヘンリー・ニューマン John Henry Newman（1801-90）である。ヴィクトリア朝の社会を激震の渦に投げ込み、宗教界ばかりでなく、その精神風土全体に計り知れないほどの甚大な影響を及ぼしたこの天才宗教指導者を抜きにしては、当時の思想文化、とくに《教養主義》思想の発展の歴史を論ずることは不可能である。

ただし、彼のドラマティックな生涯とその活動ぶりについて、私はこれまでに『歴史を〈読む〉―ヴィクトリア朝の思想と文化』（英宝社、2005）など、いくつかの仕事を通して紹介して来たので、ここでそれを繰り返し述べることは慎みたいと思う。本論では彼が 1833 年、オックスフォド大学で勃発し、以後十数年にわたってイギリス国教会を席巻した改革運動―いわゆる「オックスフォド運動」（Oxford Movement）―において、カレジのチューター（個別学生指導教員）であり、一教会司祭に過ぎなかった彼が、理論的かつ実質的先導者としてつねに運動の中心的役割を演じ、オックスフォドばかりでなく、学外にまでカリスマ的宗教家としての絶大な存在感を発揮したこと、しかし次第にそれまでのカトリシズムの正統としての国教会擁護の思想的立場を維持できなくなってゆき、1845 年、ついにローマ・カトリックに改宗して大学を去るに到るまでを、ここに概略述べるに留めておくことにしよう。

ニューマンという人間にはいつも伝説的呼称がついて回る。鍛え上げられた鋼（はがね）のような強靭さと鋭利さを持った理論闘争家。いかなる妥協も許さぬ高潔な人格の持主。さらに人心掌握の説得術を心得た類まれな名説教家等々。つまりカリスマとしての資格と条件を十二分に備えた人物だった。そんな絶大な信頼を得ていた人間が、大学全体を論争の嵐に巻き込んだ挙句に、あるとき国教会を裏切って仇敵のローマ・カトリックの軍門に下ったのだから、敵味方を含めて、大学がしばらくの間茫然自失、ある種の虚脱状態に陥ったとしても、それは無理からぬことであった。しかし、彼と彼が主導したオックスフォド運動が、従来の生命力を失い形骸化していた国教会の沈滞した雰囲気を一掃し、教会内に新たな生命を息吹かせたこともまた事実だった。この運動の是非はともかくとして、それを契機に聖職者たちを安眠の夢から目覚めさせ、それによって国教会は確かに甦った。さらにその影響は、オックスフォド大学のみならずケンブリッジ大学の教育にまで及び、組織改革の流れを促進させるきっかけを与えたことも、また忘れてはならないことである。

こうした激動の渦に投げ込んだ果てに、ニューマンのオックスフォドでの生活は劇的な形で幕を閉じた。しかし改宗後の彼のローマ教会内での公的な立場は極めて不安定なものであった。カトリックの神父たちの中には、彼の国教会司祭としての宗教的背景に教義的な不信感を抱いているものが少なくなかったし、その一方で彼をこの機会に反国教会キャンペーンに大いに利用しようという魂胆の連中もいた。そのような猜疑と思惑の入り混じった、およそ順風満帆とは言いがたい環境の中にあっても、ニューマンの志しているものは不変だった。宗教的教育者として生きることであった。それは、オックスフォドから一貫して保ちつづけていた彼の理想だった。オックスフォド大学で果たせなかった夢をカトリックの聖職者となった今、カトリック教会のために実現することが彼の最大の願望だったのである。

1851年、そんな彼の願望に応えるように、彼のもとにアイルランドの大司教からダブリンのカトリック新大学の学長として迎えたいという申し出が飛び込んできた。ニューマンに異存があろうはずはなかった。当時イギリス国内はもちろんのこと、アイルランドでもカトリック教徒は不遇だった。1829年、「カトリック（教徒）解放令」（Catholic Emancipation Act）が施行され、公的人権は一応保証されるようになったとはいえ、彼ら信者の多くは、公教育を受ける機会も少ない状況のまま、極めて低い知的水準に甘んじていなくてはならなかったのである。ニューマンにしてみれば、新大学の設立は、アイルランド国内の埋もれている知的才能を発掘し、より高度の教育の機会を提供するための、願ってもない機会であった。

同52年、彼は大学教育の理想に燃えてダブリンの新カトリック大学長に就任する。しかし相変わらず周囲の神父たちからの不信と猜疑の眼差しに晒されつづけ、また思いもしなかった筆禍事件がもとで裁判に巻き込まれたりして、結局学長として理想の実現にほとんど腕を揮う機会を与えられないまま、同54年就任三年にして、不本意ながらその職を辞さねばならなかった。

(ii) 講演『大学の理念』

ニューマンの思い描いていた大学像は、ほとんど実現することがないままに脆くもついえてしまった。しかし、彼の在職した短い期間に、とくに学長になって間もない52年に、自身の置かれた逆境と闘いながら、ニューマンは長年大学教育に抱いてきた思いのたけを、連続講演の形で次々に披露し、ひとつの秩序・統合された体系へとまとめ上げていった。それを第一部九講からなる『大学教育』と、それに58年までさまざまな機会に発表した講演録や評論を10点追加して、第二部「大学の諸課題」にまとめ最終的に一冊に統合したのが、今回取り上げようとする大学教育論『大学の理念』*The Idea of a University*（1873）である。これこそ彼の大学教育に賭けた情熱のすべてが結集された、数多い大学論のなかでも特に古典的名作のひとつに数えられる作品である。

第一部の「序文」の冒頭でニューマンはまずこの一連の講演における彼の基本的立場を次のように明確に規定している。

> 大学は全般的な知識を教える場である。このことは、一方において、その目的が知的なものであり道徳的なものではないこと、他方において、知識を向上させるこ

とよりもむしろそれを拡散、拡大することであるということを意味する。もしその目的が科学的、哲学的な発見であるならば、私には大学になぜ学生が必要なのかわからないし、もし宗教的訓練であるならば、なぜそこが文学や科学の場であるのかがわからない。

本質として大学とはそのようなものであり、教会とは関係のない独立したものである。しかし、実際にここに述べたような目的をきちんと遂行するためには、カトリック教会の援助なくしては不可能である。〔……〕ただし、教会が参画することによって、大学の主要な特質が変わるわけではない。(Newman, 5、傍点部、原文イタリックス。以下同様)

おそらくこの引用を読むだけで、ニューマンがカトリック教会の偏狭なドグマに囚われることのない、幅広いヒューマニスト的精神の持主であることがわかるであろう。大学とは全般的(ユニヴァーサル)な知識を教える場所だ、だからこそ「ユニヴァーシティ」なのだ、組織としてのカトリック教団と学問としての宗教とは別個のものであるべきだという(これはあとでもう少し詳しく説明しよう)彼の「リベラル・エデュケイション」の理想であり、これが『大学の理念』のなかに一貫して流れている精神である。もちろん、全般的な知識と知的活動の一環として神学を最重要科目としてカリキュラムに載せることは、カトリックの神父として、またカトリック大学の学長として当然のことであったろう。第一部の最初の四講を、知識の一領域として神学が他の知識と密接に関連するものであることを繰り返し強調、力説して教団への配慮はしているが、たとえカトリック教会が設立母体であっても、大学教育にまでは容喙してほしくないというのが彼の本心だったことは、これもオックスフォド時代からの言動から見て間違いないところであったろう。これがまた彼が神父仲間からつねに異端視される原因となったものでもあった。

では、ニューマンの考える大学教育の目的とはいかなるものだったのだろうか。彼は同じ「序文」で、「知性の涵養」(the culture of the intellect)をその筆頭に挙げている。「われわれがもっとも重視するものは、〔……〕知性の力、その安定性、包括性、融通性であり、われわれ自身の能力を自由に支配し、眼前のものを直感的に正しく評価する能力である。こうした能力は時として天性の資質であるが、一般には努力と多年の訓練なくしては得られないものなのである。そしてこれこそが、真の知性の涵養* というものである」(10) と。

（＊私はここで “culture” に「涵養」という訳語を与えたが、ニューマンという人は、基本的に古典的字義にこだわるところがある。彼の場合、《教養》と《涵養》はほぼ同義と考えてよいだろう。）

この考え方は実際の講義でも機会あるごとに繰り返されることになるものである。第一部第五講「知識そのものを目的とする知識」のなかで、彼はその点について次のように解説している。「知識はそれ自体目的であることが可能です。人間精神というものは、どのような種類の知識であれ、本当にそれが知識である限り、それ自身が報酬となるような仕組みになっているのです。そしてもしこれがあらゆる知識について言えるものならば、先に述べた特別な〔学問のなかの学問〕哲学についても言えることです。それは、あらゆる分野の真理や、学問（sciences．当時はこの意味がむしろ一般的だった）間の相互関係とその相対的地位、個々の価値といったものを包括的に把握することにあるのですから」(97)。学生はつねにこのような総合的把握能力を身につけるべく努力しなければならない。たとえすべての知識を習得できなくても、学問を通じて広い知識と知性をもった人々と幅広く交わることによって、互いの学問への尊敬とより広い学識を身につけることを願望するようになり、学内に純粋にして清澄な思想の雰囲気が生まれ、知的伝統が育まれてくるのである。そこから「学生はその知識の拠って立つ原理原則、部分相互間の規模、明暗、重要点とそうでない点など、ほかでは把握できないような知識の大きな枠組みを理解するようになります。彼の受ける教育が「リベラル」と呼ばれるのは、まさにこのような理由からです。生涯失われることのない精神の習性―自由、公正心、平常心、節度、知恵、そして以前の講義であえて哲学的習性と呼んでみたものなど―が、形作られるのです。私はこれを他の教える場所や様式と区別して、大学によって提供される教育の果実と考えたいのです。これこそが大学の学生を遇するに当たっての目的なのです」(95-96)。

ではここで彼の言う「リベラル」とはどのようなものなのだろうか。この言葉はラテン語の “liberalis” に由来するもので、注目すべき点は、ニューマンがこの言葉を使うとき意識的にこの古典的含蓄で使っているということで、彼の言葉によると「大学や紳士の、とりわけ特徴的、特質的なものとして、『リベラルな知識』とか、『リベラル・アーツ』とか、『リベラルな教育』に言及することが一般的ですが、その言葉の真の意味はどのようなものでしょうか。まず、最初に文法的な意味では、《リベラル》とは《奴隷にふさわしい、卑しい（servile）の反対語です。『卑しい仕事』というのは、〔……〕肉体労働や機械的な仕事など、精神がほとんどか、まったくかかわることのない種類の仕事と理解されています。〔……〕この対比を言葉の意味の指針として考えれば、『リベラルな教育』とか『リベラルな探求』というのは、精神、理性、内省力を行使するものということになります」(99-100)。*

（＊私はあえてここで《リベラル》を訳さずにおいた。と言うのは、かつて日本の大学においては（それも今世紀の始め頃までは）専門科目に進むための前段階として人文、社会、自然科学など幅広く一般的な知識を習得する課程を、「一般教育科目」あるいは「一般教養」と呼んでいたが、この名称は英語の “*liberal* arts and studies” や “*liberal* education” に由来するものだったからである。しかし最近の大学改革の波に洗われ、課程の廃絶とともに、これらの語は今やほとんどが死語となってしまった！システムは戦後アメリカを経由して日本に輸入されたものであったが、その大元の概念は、ニューマンの時代にすでに立派に存在していたのである。しかし、戦後日本の専門的知識の獲得が大学の本来の目的とする考え方と、ニューマンのそれとは、明らかな隔りがある。）

彼にとって、この《リベラル》という概念は、彼の教育理念の中核をなす概念であった。彼はその信念を、第五講「知識はそれ自身を目的とする」の中ではっきりとこのように表現している。「リベラルな教育は、クリスチャンを作るものでも、カトリック信者を作るものでもなく、紳士を作るものです。紳士であるということはよいことです。洗練された知性、繊細な趣味、率直で公正かつ冷静な精神を備え、日常の行動で上品で慇懃な振舞いができるということはよいことです」と。このような洗練された知性や趣味を身につけた、いわゆる「教養人」を育てることこそが、「大学の目的」なのである（110）。だからといって、知識の一方的押し付けには、彼は極めて批判的であった。まずは第六講「学習（learning）との関係から見た知識」の中での彼の言葉を聞いてほしい。

> みなさん、大学がこの二十年間にどのような過ちを犯してきたか、具体的にお話しましょう。その過ちというのは、消化できない知識の塊を学生の記憶に詰め込むことではなくて、彼がまったく受け入れられないほど多くの知識を無理やり押し付けることにあったのです。それは無意味なほど課題をふんだんに与えることによって、精神を混乱させ弱化させる過ちであり、十指に余る研究分野をほんの少しずつ学ぶことは、—実際はそうなのですが—浅薄なことではなく—実際にはそうではないのですが—心を広くすることであるとほのめかし、色々なものや色々な人の学問的な名前に通じていて、精巧に造られた十二折版の本を持っていること、雄弁な講師の講義に出席すること、学会の会員になること、教壇上での実験や博物館の標本を見たりすること、これらすべてを精神の浪費と呼ばず進歩と呼ぶ過ちです。学習（learning）というものは、努力もいらなければ注意もいらない、汗水流すことも土台作りもいらない、進歩もなく終わりもないものです。個性的なものはなにも期待できない。そして、これが、いやはや、現代の驚異というものです。（127）

これはまるで日本式詰め込み教育を揶揄している言葉のように聞こえないだろうか。ニューマンはこういうものは「学習」であって、教育とは呼ばない。「教育」とはこのような「学習」とは別物であるということを言いたかったのである。

ニューマンによれば、教育の方法には二種類ある。ひとつはこのようなリベラルな知識そのものを目的とするもの、もうひとつはそれ以外の目的に供するための「有益な知識」を教えるやり方である。「一方の目的は哲学的なことであり、もう一方は機械的なものです。一方は全体的概念の方向に上ってゆき、もう一方は個別で外側のものに精力を使い果たしてしまいます」そのような「有益な知識」の必要性を彼は否定するものではない。ただ「知識が個別のものになればなるだけ、それは知識ではなくなります。〔……〕知識と言うとき、私が意味するものは知的なものです。感覚を通して感知するものを把握すること、全体を見通すこと、感覚が伝える以上のものを見ること、見ているものを見ている間に、それについて理推すること、そしてそれに観念を付与することです。〔……〕それが最初から学問の本質なのであって、そこにこそ、学問の尊厳があるのです」(104)。

しかし、彼の主張するようなリベラルな知識一辺倒の教育には、厳しい反論があることを彼は百も承知している。それは彼の時代に限ったものではない、古くて新しい―そして、現代の日本でもまかり通っている―実学第一主義者たちからの反論である。そのような反論の代表的一例として、彼は第七講「知識と職業的技術」の中で十七世紀の思想家ジョン・ロック（John Locke）からの一節を引用する。

> 父親が息子を商売人に仕立てようと思っているとき、自分の金と息子の時間を、ローマ語（ラテン語のこと）を学ばせることに浪費するほど馬鹿げたことがあるだろうか。いったん商売を始めれば、ラテン語など必要がないから、学校から持ち帰った僅かなものは忘れてしまうに違いないし、十中八九、それの習得に手ひどい思いをしたことで、それを忌み嫌うようになるのだから。子供が将来予定されている人生の経路で、決して用いることのない言語の初歩を学ぶことを強要される一方で、人生のあらゆる状況で大変役立ち、たいていの商売になくてはならないものである上手な字の書き方や、勘定の仕方をないがしろにするように強いられるということは、もしわれわれの周辺至るところにそうした実例がなければ、とても信じがたいことである。(140, 傍点部分原文イタリックス。なおこの引用はロックの『教育論集』から。)

この実学優先の考え方は実に根深いものであって、古典語や古典文学無用論の声は時代とともに高まりこそすれ、収束する気配はまったくなかった。1825年には革新派の政治家ブルーム H. P. Brougham（1778-1868）によって「有益な知識普及促進協会」（The Society for the Diffusion of Useful Knowledge）が設立され、額面に謳われている通り有益な知識普及のためのキャンペーン活動が盛んになり、また同28年には時代のニーズに即応する形で、科学や実用的な職業教育をカリキュラムに加えた新大学、ロンドン大学の前身ユニヴァーシティ・カレジが発足している。（この大学設立の事情については次章で改めて取り上げることにする。）こうした時流には勝てず、オックスフォド、ケンブリッジを含めてすべての大学で、古典中心の人文学はすでにこの当時から衰退の道を辿っていたのである。

しかし、ニューマンはかかる世間一般の実用的学問の要求に敢然として戦おうとする。もちろん、彼は実学の必要性を知らないわけではない。その効用を認めてもいる。それでも、あえて時流に抗して、彼は学問の独立と尊厳を訴え、より広い分野にわたってリベラルな知識の習得の場としての大学の必要性を説こうとしているのである。

一体何のために？その疑問に答えるためには、ニューマンがなぜ《リベラル》という言葉にこだわっているか、改めて考える必要がある。先にも言ったように、《リベラル》とは自由民のもの、より現実的な言い方をすれば、エリートとか紳士に帰属するものということで、彼が大学を本来そのようなエリートの養成機関として考えているからである。特殊な技術や知識を教える場所があってもよい。でも彼の理想像（ボー・イデアール）は、いかなる外的な動機によっても左右されることなく、秀でた教養を身につけた人材を一人でも多く育成するための、独立したリベラルな教育の場としての大学である。彼の思い描く大学とはこんな風景のものである（第六講「学習との関係から見た知識」）。

> 繰り返して言いますが、私は道徳的なこと、宗教的なことを考慮に入れて言っているのではないことを、はっきりと理解しておいていただきたいのです。私が言っていることはただ、このような若々しい共同体が全体を構成し、ひとつの特別な理

念を体現し、ひとつの教義を表現し、行動規範を執行し、そして思想と行動の原則を提供するということなのです。それが、生きた教育を誕生させ、やがて自己永続的な伝統、ときとして「土地の霊」（*genius loci*）と呼ばれる独特の雰囲気を形成するようになるのです。それが、生れた家に出没し、その庇護のもとに、次々に身を寄せる学生一人ひとりに多少なりとも霊気を注ぎこみ、人格をかたち造るのです。〔……〕その規範あるいは原則とするものが、どのようなものか、正しいか誤りかは別として、ここに真の教育があります。その教育は、知性の涵養の方向に向かっています。少なくとも、知識というものが、細かなことを書き込んだ断片を受動的に受け入れるだけのものではないということを認識しています。（pp. 130-31）

そのような「土地の霊」の出没するところこそ、教育の理想の場とであった。そして終始彼の脳裏に去来していたのが、青春時代、学生として学問の研鑽に励み、司祭として教師として、ドラマティックな激動の日々を過ごしたオックスフォドの面影であった。母校のことを「アルマ・マーテル」（*alma mater*）と言うが、これは「慈(いつく)しみ深き母」という意味である。彼にとってオックスフォドは、そこに学生として、教師として、司祭として過ごした間も、その地を追われて困難と苦渋に満ち満ちた試練の時にあっても、けっして忘れることのない、文字通り慈しみ深き母だったのである。もちろん、母親の面影は彼のなかで時の経過とともに現実のものより美化され、理想化されつづけていたことであろう。また母校の抱えている数々の欠点についても、当然熟知していたであろう。しかしオックスフォドは、いつも彼にとっては、大学のあるべき姿の原形だった。そしてそれと同形の、同様な理念の大学をアイルランドの地に設立することに、彼の全情熱は注ぎ込まれたのである。

最初に述べた通り、ニューマンの大学に賭けた理想と情熱は、結局はかない夢となって潰えてしまった。しかし、ここに引用したほんのわずかな断片からでも、彼の「大学の理想」がいかなるものであったか、垣間見ることはできると思うのだ。それは見方によっては、現実を直視していない保守退嬰的、アナクロニスティックな理想論として、軽く受け流されてしまうかもしれない。しかし、彼の唱えつづけた教養至上主義的な大学論は、現今の大学における実学の圧倒的な支配に眉をひそめる向きの人々には、逆にひどく新鮮なものとして映るのではないだろうか。なぜなら、そこに古典ギリシャの「パイデイア」の伝統が脈々と流れ、その理想とする教養主義の精神が息づいているからである。

英語の“scholar”という単語は英語を学ぶものならだれでも知っている言葉であろう。しかし厳密に言うと、この言葉は「人文科学専攻の学生、もしくは研究者」を意味するもので、とくにギリシャ・ラテンなど古典語・古典文学を学んでいる人に用いられるものであることを知っている人は、意外と少ないのではないだろうか。この単語を語源的に辿ってゆくと、ギリシャ語の「スコレー」(ςχολή)、つまり「暇」とか「余暇」という意味の言葉に行き着く。プラトンはそれを「余暇を用いて学問を学ぶ、すなわちパイデイアの場所」という意味に転用した。彼の創設したアカデメイア学園はまさにそのような場所だったのだ。ということは、つまり大学とは古代から「暇を有効に学問に用いる場所」であるということではないだろうか。学生たちを俗事から切り離し、直接俗事とはかかわりのないリベラルな知識の習得にゆったりと専念させ、人格と教養・識見を備えた紳士として世に送り出すような大学。ニューマンはこのような大学こそが、真の大学と呼ばれるにふさわしいと、心底信じていた人間だったのである。

ただひとつ、残念ながらニューマンが『大学の理念』の中で果たしえなかったことがある。それは彼が“culture”という言葉を明確な概念として措定することができなかったことだ。確かに一連の講義のなかで彼は繰り返し“culture”という言葉を用いている。しかし、彼自身率直に、なおかつ多少苛立ちをこめて、「もし英語がギリシャ語のように、簡単かつ全般的に、知的練達度や完全度を表現する明確な単語を持っていればよいのですが。〔……〕結果としてそれ自体はけっして難しくない概念のもの、すなわち、知性の涵養を目的とするものであるということを提起し伝達するために、多くの言葉を必要とする」(第六講、124)煩わしさを、認めざるをえなかったのである。結局その明晰な言語力をもってしても、彼は、“culture”をギリシャ語の《パイデイア》と拮抗できるような、明確なイデオロギーにまで昇華することができないままに終わってしまったのである。

(2) ミルの『名誉学長就任講演』

ミルの晩年の仕事としては、『自由論』(1859) が余りにも有名であるため、その陰に隠れてさほど知られていないが、もうひとつ忘れてはならない重要な作品がある。それはスコットランド国立セント・アンドルーズ大学における『名誉学長就任記念講演』“Inaugural Address Delivered to the University of St. Andrews” (1867、以後『記念講演』と略称) である。この『講演』は、時と場所を考えれば当然のこととして大学教育に話題を限定しているが、『ベンサムとコウルリッジ』論のうち、とりわけ「コウルリッジ」の部で展開した教育の理念をさらに時間をかけて発酵・蒸留させた、いわばミルの《教養主義》の基本思想のエッセンスと言えるものである。

彼はまず講演の冒頭の部分で、「大学は専門的職業（プロフェッショナル）教育の場ではありません。また生計を得るためのなにか特別な様式に、学生を適応させるのに必要な知識を教えることを意図するものでもありません。その目的は熟練した弁護士や医者や技術者を作ることではなく、有能で教養のある人間を作ることであります」(Mill, 218、傍点引用者) と、大学が実用的学問を学ぶことを目的とした場ではないと主張する。この点はニューマンとまったく同様である。そしてさらにつづけて、大学のあるべき姿として「人間は弁護士や医者や商人や手工業者である前に、人間であります。そしてもし皆さんが彼らを有能で分別ある人間に仕立てるならば、彼らは自ら進んで有能で分別ある弁護士や医者になろうとするでしょう。専門的職業人たちが大学から持って出なくてはならないものは、専門的知識ではありません。その知識をいかに用いるかを教え導き、個々の追及する技術分野を、一般的な教養の光で明るく照らしだせるようにすることです」(218) と、大学が専門職養成の機関ではなく、教養ある人格形成の場であることを明確にする。これは明らかに実学優先の社会的風潮に対する批判であり、その陰の推進者であったベンサム派の功利主義教育理念への抵抗である。と同時にこの点でも、ニューマンの大学の理念と基本的に通じ合うところである。

もちろん、彼も現実問題として高等教育のあるべき姿として、保守派と革新派との間に論争が絶えないことを知らないわけではない。実は大学教育において、文学と科学のいずれを優先すべきか、または両方を並存させるか否かは、当時すでに教育関係者の間にくすぶりつづけていた問題の火種で、大学教育における緊急の解決を必要とする懸案事項となっていたからである。やがてこれに火がついて、マシュー・アーノルドやトマス・ハックスリーなど次の時代を担う人々の代になって、教養のあり方を巡っての数々の論争となって燃え上がることになるのだが（第六章参照）、詳しいことはその機会に回すとして、ここではミルが両者の並存を主張する立場であったことを指摘するに留めておこう。この問題は、彼から見れば、画家がデッサンと彩色のいずれの学習を優先するかという議論と同じで、「なぜ両方一緒ではいけないのでしょうか？文学と科学*の両方とも含まれていないものが、果たして優れた教育の名に値するでありましょうか？」（221）ということで、彼にしてみれば問題にするまでもない、当然の事柄だったからである。

（＊十九世紀の中期においては “science” という言葉は、必ずしも今日的な自然科学を意味するものではなく、より広い意味で用いられ、道徳学、心理学、社会学など、要するに「体系化された学問」は、すべて “science” として表されることが多かったことを知っておかねばならない。今日でもその原義的意味は人文科学、社会科学などの名称として残されている。むしろ問題は、当時文学がそういった諸科学と対比されるほど、比重が重かったことである。）

ミルによれば、まず他民族の言語を知らなくては、その民族の思想や感情を理解することはできないし、また他民族の思想・感情のガラスを通して見て、初めて自国の思想・感情がよりよく理解できるようになる。文学・語学は、そういう観点から見ても、是非とも必要な科目である。だがフランス語やドイツ語のような現代語の習得は、それらの言語を日常使用しているものとの直接の交際を通じて、わざわざ学校で教師の手を煩わせなくても容易に習得できるものであろうし、またその土地の歴史や地理についても、同様に個人の読書により知識の獲得は可能であろう。実際こうした外国文献の多くは、一般の人々にもさほど入手が難しいものではないのだから。「それゆえ、私が通常のカリキュラムに入れることを認める唯一の言語と唯一の文学は、ギリシャ人とローマ人たちの言語と文学です。私としては、これらの学習のために彼ら〔古典語教師〕が現在有している地位を保全しておきたいのです」(225)。ミルがその主張の論拠とするのは、いかにも功利主義者らしく、古典語の学習は知的訓練に役立つという教育的効用である。学生はその文法を学ぶことから、論理の基本を学び、それからさらに進んで、ギリシャ・ラテンの原文の複雑な文章構造を解読する努力を積み重ねることによって、分析的かつ論理的思考能力を鍛錬できるということである。*

（＊このことは日本における外語学教育への教訓としても通用するのではないか。現代の日本の英語教育は、日常に役立つ英語の学習を優先するあまり、難解な古典文学の原文を読み解く訓詁的訓練を学生に課することをないがしろにし、情操的な面だけでなく、知的分析力と論理力向上のかけがえのない訓練の機会を奪い取ってしまった。明治以降の外国文学の訓詁的講読法には幾多の欠点があったとはいえ、教養的知識の習得に加えて、この論理的思考力の養成に果たした功績は限りなく大きいものであった。実用英語のかけ声だけで、そうした教室での読解力訓練を怠っていることの将来に及ぼす影響は、あまりにも大きいと言わねばならない。そのツケは必ずくる。若い世代の思考力の減退は、すでにその徴候の現れたもので、「時のしるし」かもしれない。）

そのような語学の効用的側面だけではない。教育のための古典文学の優位性は、さらに顕著であり決定的なものである。ミルはこう主張する。古代人たちの遺産は、「彼らが蓄積したいわゆる人生の知恵と呼べるような宝物であり、人間の性質と行動の経験の豊かな蓄え」(229）であって、その古典の知恵を涵養することで、「倫理的、哲学的教養」の素晴らしい基礎が敷かれるのである。確かに近代文学は優れて内省的な特質をもっている。それは古典文学にはないものかもしれない。しかし、良識性や明晰性、冗長性と装飾性の欠如、これらはギリシャ・ラテン文学の長所であって、近代文学に勝ったものであると。以上の理由から、ミルは彼の考える大学の「高等普通教育」「(liberal education）の一環として、ギリシャ・ラテン語学・文学の必要性を力説してやまないのである。ただし、それはあくまでも将来の学問研究の予備的訓練に留めておくべきで、（現にオックスフォド大学で実施されているような）古典語による詩作などで、学生に過重な時間と労力の負担を課することは、厳に慎まねばならない。

ミルの『記念講演』のニューマンと異なるもっとも顕著な特徴は、その後半部分が古典語学・文学研究と並んで重要なもうひとつの項目として、科学教育の効用についての議論に当てられている点であろう。彼はニューマンのようなヒューマニスト的資質の人間ではない。「科学教育は、職業的目的とは別に、人間や人間の必要とするもの、興味あるものを、正しく判断したりするための準備にほかなりません」(241）と明言して憚らない。彼にとって、すべての学問は、すべて人間の十全な発達のためにある。人間教育として科学教育は絶対に必要なことである。「真理が発見されるには、二つの道しかありません。観察と論理的思考です。観察にはもちろん実験を含めてのことです。〔……〕古典文学が表現術のもっとも完全な形のものを提供するものであるとすれば、自然科学は思考術の同じように完全な形のものを提供してくれるものです。数学と天文学と自然哲学へのその応用は、論理的思考による真理発見のもっとも完全な例であり、実験科学は直接観察による真実発見の完全な例なのです」(234-35)。そして、いかにも功利主義者らしく、彼は普通（リベラル）科目として自然科学以外の心理学、倫理学、政治学、経済学、国際法など個々の「科学」の効用度を、それぞれ具体的に忖度しているが、ここでは煩雑にわたるので、これら個々の事例に踏み込むことはやめておこう。正直に言って、この部分は細事にこだわる彼の悪い癖が出ていささか冗長で退屈である。

ただし、ミルの宗教と道徳に関する議論は見過ごすわけにはゆかない。そこに教養主義の本質にかかわる重大な問題が絡んでいるからである。彼は「いかなる人間であっても、知的側面だけでなく、道徳的側面にはっきりと目標を定めた教育をないがしろにすることはできません」と、道徳教育の必要性を認めている。しかし神学校ならいざ知らず、「学校や大学ができることには、どうしようもない限界があることを銘記しておかねばなりません。〔……〕道徳・宗教の教育は、感情と日常の習慣を訓練することにあります。これらのものは、公教育の領域外のものであり、その統制のきかないものです。私たちが実際に道徳や宗教の教育を受けるのは家庭や家族からなのですから」(247-48)。ミルには、おそらくオックスフォドやケンブリッジのような、私立大学での国教会を全面的に優先する宗教教育の現状への厳しい批判があったのであろう。信仰の自由は彼の『自由論』*On Liberty*（1859）の重要項目のひとつなのだから。当然のことながら、彼の学校教育における宗教・道徳の比較的冷淡な遇し方は、ニューマンやアーノルドなどオックスフォド系の論者のそれとは、極めて対照的である。公的教育は宗教道徳を教える場ではない。これは彼の基本的信念である。そして、さらにいかにも自由の権利擁護者らしく、自由な人間精神の発揚の場としての公立の大学のあり方を、このように聴衆に訴えかけるのである。

> 大学の本来の仕事は違うものです。それはなにを信ずるべきか、権威の立場から私たちに語って聞かせることでも、信念を義務として受け入れさせることでもありません。それは私たちに情報と訓練を与え、万難を排して真実を探求し、知性豊かな人間にふさわしいように、自分の信念を形作る手助けをすることであります。それはこれらの難問を解決するもっとも満足すべき方法を発見したり理解したりするのに、よりふさわしい人間になるためです。
>
> 〔……〕大学は自由な思索の場所であるべきです。〔……〕それゆえ、皆さんはなにをするにせよ、どのようなことがあろうとも、つねに心を開いていていただきたい。安易に皆さんの思想の自由を手放したりしてはいけません。(250)

学校や大学に求められているものは、これまで述べてきたように、「知的・道徳的教育、すなわち知識と知識習得の能力の鍛錬、良心と道徳的能力の鍛錬」の二種類のものが基本であって、これらは「人間の教養（human culture）の二つの主要な構成要素」である。「ただし」と、彼はそれにもう一項目を追加し、この講演をこのように締めくくった。

> それら〔知的・道徳的教育〕ですべてが網羅される訳ではありません。第三の部門があります。それはたとえ他のふたつのものに従属的であって、忠誠の義務を負うものであっても、それらに必ずしも劣るものではなく、人間を完成させるために同じように必要なものです。つまり審美的分野、詩や美術を通して得られる教養であり、感情教育とか美意識の涵養という表現が当てはまるような形での教養（culture）であります。（251）

これは、教養主義の系譜を追うものにとって、極めて重要な提言であると言ってよいものであろう。なぜなら、ミルがここであえて文学と芸術*をたとえ下位部門とは言え、カリキュラムの一項目に加えたのは、知識階級も含めて世間全体にとかく芸術蔑視の風潮があることを憂い、人間完成という目的に則して、それを正そうとする意図があったからに違いないからである。

（＊ミルはここで "poetry and art" という言葉を用いている。これを「文学と芸術」と訳したが、"poetry" は当時にあってはしばしば「文学全般」を表す言葉であった。また "art" は文学を除く美術・音楽・建築など諸芸術を幅広く包含した意味で用いられていた。以上のことを踏まえての訳である。）

ここでは議論を割愛するが、以前一部の反主知主義者たちが弾劾してきたたように、イギリスの国民性に巣食っている即物的拝金主義と、偏狭なピューリタン的宗教心が、教養主義の発展を妨げる最大の障壁となっていたことは、紛れもない事実である。こういう風土が「自分とその家族の富と出世以上の目的を持たず、自分たちの生活の安寧に全力を費やしてしまう自己中心主義を育む」（253）という思いは、ミルとて同様であった。この記念講演がなされたのは、アーノルドの『教養と無秩序』の発表される二年前のことである。しかし、当時の俗物的風潮へのアンティティテーゼとして「教養主義」の必要性を痛感していた点は、二人に共通した点が多い。アーノルドの「教養」のあり方、目的についての考え方については第五章で詳しく述べることにするが、二人の考え方に驚くほど似ているところがあるのは、彼らの「教養主義」の思想を突き動かしてゆく動機の背景に、当時の社会的風潮への共通した不満の思いがあることの、つまり証しではないだろうか。

ミルはこの長い『記念講演』の締めくくりの部分を、教養（culture）として芸術がいかに重要なものか、言葉を尽くして説くことに当てている。イギリス国民性の否定的性格を改善するには、歴史や小説・詩などフィクションのなかの偉大な人物への夢に共感を抱き、それから未来の理想像を思い描いて見るよう、まずは心がけることが大切である。「このような高揚した精神の最高の霊感の泉は詩です。そして文学は、詩的で芸術的なものであれば、すべてそういうものなのです。」このような詩的な情操を涵養することによって、「私たちの性質中 の非利己的な面を甦らせ、私たちが属している組織の善悪に、喜びや悲しみに、感情を同化させることができるようになるのです。」ダンテ、シェイクスピア、ワーズワスのような詩人たち、イタリアの画家たち、ヘンデルのような音楽家、ゴシック建築、このような芸術家の作品への感受性をけっして消してはならない。日常が散文的なものであるだけ、このような「思想と感情の高度の領域」に詣でることによって、「自己教養」に努めなければならないのである（254-55）。

ここで彼が文学とその他の芸術を知的・道徳的教育の下位部門に置き、自己向上と社会改善のためという効用的見地から論じているところは、文学を教養の第一目的に挙げているアーノルドなどから見れば、大いに批判の対象となるべき箇所であろう。だが近代文学や美術などにつねに懐疑的であったニューマンに比べれば、ミルは少なくとも円熟した人格の完成のために、文学を含めた芸術の必要性を痛感していた点、より新しいタイプの “culture” を主導する教養主義者と言ってよいのではないか。知的、道徳的才能だけでなく、美的感受性を涵養し、真の芸術を理解しているものだけが、社会に自らの体得した教養を還元することのできる人間たりうる。これが彼の理想とする《教養》のあり方であった。彼は学生たちに将来どのような役割を果たしてもらいたいか、彼の胸に思い描いた姿を説き聞かせながら、この長い講演を次のように締めくくった。

> 私は、地上天上のいずれを問わず、直接的な報酬の期待を抱かせるようなことを言って、諸君をそそのかすような真似はしたくはありません。地上天上いずれであろうと、報酬を得ようなどと思わなければ、思わないほどよいのです。しかし、ひとつだけ―それは結果を伴いませんし、報酬に値するという事実はあっても、直接利益とは結びつきませんが―諸君の期待を裏切らない報酬があります。それは、諸君が人生により深く、より多様な関心を抱けば抱くほど、いずれ十倍もの値打ちのものをもたらしてくれるものです。しかもそれは一生つづくものなのです。単なる個人的な対象は、すべて年をとるにつれて価値を失ってゆきましょう。しかしこれは長持ちするだけでなく、増加してゆくものなのです。(257)

これは今日の学生たちからすれば、いかにも学長の卒業式の訓示によくある、いささかマンネリがかった響きのものに聞こえるかもしれない。しかし、実利を優先し、いまだ《教養》を大学の至上命題に掲げることが稀であった時代にあっては、この社会改革の一助として教養の重要性を訴えるミルの講演は、まことに斬新な響きのあるものだったに違いない。そして、この『記念講演』における、知性と情操の涵養こそ大学教育の根幹であるとするミルの思想が、アーノルド以後のイギリスの教養主義の発達の跳躍台となったことに間違いないのである。

第三章　反教養主義の思想的風土
―実業の世界から大学まで―

(1)　スマイルズの『自助論』*Self Help*

ニューマンやミルがヴィクトリア朝（1837-1901）イギリスの知的風土に及ぼした貢献は甚大なものであったが、その及ぼしたであろう影響は極めて限られたものであったと言わざるを得ない。彼らの唱える《教養主義》はいわば観念としてはいまだ星雲状のものであって、一部知的エリートを対象とした、ごく内輪のものを対象としたものであった。これが明確な観念に収斂するためには、さらなる研磨が必要であった。

だがそれには越えなければならぬ大きな壁があった。そしてその壁の背後には強固な反知的風土の存在があったのである。この時代、イギリスはとりわけ中期50年代から70年代前半の四半世紀にかけては、歴史上もっとも繁栄を極めた時代だった。産業革命以後、国家は「世界の工場」と呼ばれるほどにまで国際競争力を身につけ、工業生産と植民地からもたらされる莫大な富が社会の隅々までようやく浸透をし始め、その恩恵に浴すことができた人々にとっては、それはまさにわが世の春であり、楽天の夢の地上に花咲いた時代であった。詩人ロバート・ブラウニング Robert Browning（1806-61）が『ピッパが通る』*Pippa Passes*（1841）の中で「神、そらに知ろしめす。すべて世は事も無し」（上田敏訳。『海潮音』の有名な「時は春、日は朝、朝は七時、片岡に露みちて…」の詩の末尾の一節）と詠んだとき、彼はそんな天下泰平の時代が近い将来に到来することを、すでに予感していたのかも知れない。

それはまた、国民に自らの力に限りない自信と誇りとを抱かせた時代でもあった。1851年のロンドン、ハイド・パークで開催された「大英博覧会」は、まさにイギリスの国威と富と自信の象徴であった。そして、その博覧会を契機として、イギリスは名実ともに世界最強の国家へとのし上がったのである。カーライル（既出）の「働け、働け」というスローガンが、この時代ほど人々の心に快く響いたことはなかったであろう。

それはまた、努力の報酬として巨万の富や名声を掌中にした市民が続出した時代でもあった。成功物語は枚挙にいとまがなかった。努力をすればきっと成功する。そんな成功の夢に取りつかれた時代には、人々に成功の夢をあおる人物が必ず現れるものである。

サミュエル・スマイルズ Samuel Smiles（1812-1904）はそんな時代が求めてやまない人物だった。彼の『自助論』*Self Help*（1859）は、彼らが求めに求めていた思想的教導の書、まさに時代の聖書と呼べるような天からの贈りものだった。事実、この「天はみずから助くるものを助く」という自助の教えを説く有名な格言で始まる啓蒙の書は、発売当初より聖書をしのぐ爆発的売行きを示し、初年度に2万部、5年間で5万5千部、20年間で15万部も売れるという、当時としては破格の販売部数を誇る一大ベストセラー（この当時の1万部は今日の数十万部に匹敵する数字である）となって出版界を席巻したことを見ても、この本がいかに時代の要望に応えたものであったかがわかるであろう。しかもその人気はイギリスに留まらず、ヨーロッパはもちろんのこと、アジア諸国にも波及し、日本でも中村正直（まさなお）によっていち早く『西国立志編』（1871、明治四年）と題して翻訳をされ、「出版部数は明治末年までに百万部に達した」（平川祐弘著『天ハ自ラ助クルモノヲ助ク』、5頁）というから、これは驚異的売行きという以外に言いようがない。結局、「アメリカン・ドリーム」から宝くじに至るまで、人間の物質的成功へのあくなき夢は、時代や場所を越えた万国共通のものなのであろう。

スマイルズの本の特徴は、蒸気機関のワットや自動紡織機のハーグリーヴスなどの発明家、ジェンナーや、ニュートンのような科学者、パリッシーやウェッジウッドのような陶芸家、ミケランジェロ、シェイクスピア、バッハなどの芸術家などなど、工芸、政治、経済、文学、その他文化全般にわたって、延べにして300人余の有名無名、古今の偉人たちを取り上げ、いかに彼らが数々の失敗にめげることなく、苦労に苦労を重ね、勤勉に励んでついに成功するに至ったか、彼らの伝記中のさわりの部分をエピソードを交えつつ言葉巧みに語って、たゆみない勤勉と労苦にこそ、成功の秘訣があることを解き明かしている点にある。

だからと言って、これを他に山ほどある偉人伝や成功物語のひとつとして片付けることはできないであろう。この本が単なる成功物語とかハウツーものと違うのは、勤勉、忍耐、持続心、節約、節制などの徳に則った生活をいかに自らに課することが大切なものか、自助努力の必要性と有効性を徹底して説いているところにある。スマイルズが訴えたかったことは、努力の結果としてもたらされた成功ではなく、その道程、すなわちいかに自らを節し、徳に生きるかということの大切さであった。彼は冒頭の「天はみずから助くるものを助く」の格言につづけてこう言っている。「外部からの助けは、しばしばその働きが弱まってゆく。それに対し内部からの助けは、必ず活性化させるものである。個々の人間、もしくは階級のためになされることは、ある程度、独力でしようとする刺激や必要性を奪い取ってしまう。そして、人が過度の指導・管理下に置かれるとき、彼らが多少とも頼りないものになってしまうのは、避けがたい傾向である」（*Self Help*, 1．傍点部分イタリックス）と。ここで語られている内助と自助、これが尽きるところスマイルズの処世哲学の根本である。彼が取り上げた偉人たちは、すべてこの精神に基づいて自助努力をして見事成功を勝ち取った人物たちだったのである。

こうしたスマイルズの立身出世に必須の自助精神の涵養の教えのなかで、私たちがもっとも注目する点は、彼の教育に関する発言である。彼によれば、教育も自助の一環である。学校などで生徒たちに余計な手助けをして教えるより、むしろ彼らの自主独立の精神を鍛えることこそが本来のあり方ではないかと言うのである。この点は、私たちのテーマである《教養》についても重大なかかわりのある問題なので、彼の言葉を少し詳しく考証してみることにしよう。

> 他人の生活や行動にもっとも強力な効果を生み出し、実際に最上の実践的教育を形作っているのは、精力的な個人主義なのだということは、日々経験するところである。学校、専門学校、大学は、それに比べれば、教養のほんの初期の段階に過ぎない。それより遥かに影響力のあるものは、われわれの家庭や、街路で、商店や作業場で、機（はた）を織ったり、鍬（くわ）を手にして働いたり、あるいは銀行や工場の中や、人の忙しく行き交う場所で、日々与えられる人生教育なのである。いかに行動し、振

> 舞い、自己教養、自己抑制をするか、こうしたことがすべて、人を真に鍛錬し、人生の義務と仕事を適切に完遂するにふさわしい方向へと向かわせるものであり、これこそが〔フリードリヒ・〕シラーが「人類の教育」と名付けた社会の一員としての仕上げの教育—書物では学ぶことができないし、また単に文学的修業をいかほど積んだとしても、得ることのできない教育—なのである。〔……〕なぜなら、あらゆる経験が、人は読書によってより、働くことによって自己完成されるという教訓、換言すれば、人類をたゆみなく改善に向かわせるものは、文学より人生であり、研究より行動であり、伝記より人格なのだ、という教訓を、具体的かつ強力に実証して見せることに役立つからだ。(6)

また別のところで、このようにも言っている—

> 学校や大学で受ける教育は始まりに過ぎない。そして、それが精神を鍛え、それを絶えず応用研究し、習慣化して初めて貴重なものとなる。他者により注入されるものは、われわれ自身の勤勉かつ粘り強い努力によって獲得するものに比べれば、つねに遥かに見劣りするものである。労働によって勝ち取られた知識は、ひとつの財産—われわれだけのもの—である。〔……〕この種の自己教養はまた力を喚起し、強さを涵養するものである。(314)

このふたつの引用を読めば、スマイルズの教育に対しての考え方のおおよそがわかるであろう。彼にとって、公的私的を問わず、学校教育は基本的に「外部からの助け」以外のなにものでもない、補助的手段に過ぎないものなのである。

ただこれらの引用中注目すべき点は、私が「教養」、「自己教養」と訳し、傍点を入れた箇所である。原文では “culture”、あるいは “self-culture” となっている。本書が《教養》の歴史的変遷を辿っていることもあって、あえてこのような訳語を使ったが、より厳密に訳せば、むしろここはドイツ語の “*Bildung*”（人格形成）と響きの通じ合う、「修業」とか「鍛錬」という訳語がより適切のように思えなくもない。スマイルズは『自助論』で “culture”

という言葉を頻用しているが、ほとんど例外なくこのようなニュアンスで用いている。時代が前後してしまったが、彼がこの本を書いたころ（1859）までに、《教養》という言葉はかなり一般に普及を始めていた。ただし彼がミルやのちに登場するアーノルドのように、その意味を正しく把握していたかどうかは、はなはだ疑問である。要するに、彼に言わせれば、余計な知識の習得は、時に集中力を妨げ、人間的成長にマイナスの結果をもたらすものだと言うことである。「何人にとっても、知識の値打ちはその量にあるのではなく、主にそれをいかに有効に活用するかにある。それゆえ、たとえ少量であっても正確で完全な性質の知識であれば、どのような規模の浅薄な学問よりも、実際的目的のためには、つねにより貴重なものと言えるのである」と。これはまさしく今日的な意味における《教養》の概念を完全に否定したものと言ってもよいものであろう。この当時、すでに学校教育の現場で《教養》の必要性が叫ばれていたが、そのような《教養》を重視する教育のあり方に対して、薄っぺらで実用に即さないという風評が絶えなかったことも事実で、スマイルズの考え方は、そのような否定的見方を代弁した形のものであった。

とにかく義務教育という言葉は一部識者が声高に叫んでいたとはいえ、庶民にしてみれば遠い世界の物語にしか思えなかった時代である。かろうじて“three R’s (reading, ’riting, ’rithmetic)”、「日本流に言えば「読み書きソロバン」程度の基礎的な知識が、ささやかに教会などの宗教団体によって教えられている程度であった。当然国民の識字率も低く、40％にも満たない状態＊だったと言われている。*

（＊庶民教育の場として寺子屋や私塾などが活発に運用されていた江戸時代の日本の方がその点では断然勝っていた。当時の日本の識字率は70％以上あったろうと言われているから、教育水準の高さでは、わが国はまさに世界に冠たるものだったのである。）

そんな劣悪な教育状態にようやく政治も目覚め、1833年、政府が対策に乗り出し、教育の場に補助金を提供するようになり、40年代以降は着実に庶民のための基礎教育の場は増加に転じて行ったが、それでも水準的には、先ほどの "three R's" 程度のものに過ぎなかった。5歳から12歳という年齢制度が施行されたのは、1870年になってのことであり、当初は授業料を課していたのがようやく撤廃され、完全な義務教育制度が施行されるようになったのは、世紀の終わり近く91年になってのことである。

このような教育環境の下で、《教養》を云々したところで、それは「馬の耳に念仏」、庶民にとっては、まったく縁もゆかりもないことだった。悲しいことに、こうした庶民たちは、国家的関心の埒外に置かれていたのである。結局、彼らが成功するためには、自分で自分の道を切り開くほかはなかったのである。

英語に「セルフメイド・マン」(self-made man) という言葉がある。まともな教育を受けず、独立独歩、自らの才覚ひとつで栄光を手に入れた人を指して言う言葉で、『自助論』の中心をなすのは、このように自己をたたき上げて、成功の王道を歩んだ「セルフメイド・マン」たちであった。産業革命は、そのようなろくな教育も受けず、自分の腕一本、知恵と才覚ひとつで勝利を勝ち取った人が輩出した時代だった。そうした人たちは、《教養》などというものが―少なくとも成功道半ばの段階では―まったく無益無用の代ものとしか思えなかったに違いない。

(2) ピューリタン的風土と反教養主義

多少学歴的には異なるとはいえ、あるいはスマイルズもそんな「セルフメイド・マン」の範疇に加えることができるかもしれない。彼は十六世紀スコットランドの偉大な宗教改革者ジョン・ノックス John Knox (?1514-72) と同じ町に生まれ、しかもカーライルと同じエディンバラ大学に進み、そこで医学を学んだが、医者としてスタートして間もなくその職業を捨て、以後ジャーナリズムや鉄道会社の仕事など苦労に苦労を重ね、ようやく四十台の後半になって作家としての地位を獲得したという、異色の経歴の持主である。学歴とはまったく無縁の世界で、刻苦勉励の末についに成功に至ったという点、十分に「セルフメイド・マン」の資格があると言えるのではないだろうか。

しかし、その成功物語以上に意味深いことは、彼の出身がスコットランドで、しかもカルヴィニズム系のプロテスタントの一派、長老派（プレズビテリアン）教会の創始者ノックスと生まれ故郷が同じということである。このことは、彼の禁欲的な思想背景を知る上で極めて重要な手がかりとなるものである。当時のスコットランドはこの長老派教会の支配下にあって、その厳しい宗教的戒律が、この土地の人々の精神を支えるバックボーンとなっていた。彼らは聖書の教えに忠実に、節倹と勤勉を旨として生きようとするピューリタンたちであった。ノックスと同郷出身であるスマイルズには、若いころこの宗教指導者の影響力はとりわけ大きかったと思う。また彼が大学の先輩であったカーライルを生涯師と仰ぎ、つねに尊敬の念を抱いて私淑していたのは、単に同郷、大学が同窓であるというだけでなく、彼の心理の深層に、このピューリタン的信仰風土の培った強い同族意識が働いていたからではなかったろうか。彼の労働崇拝の思想も、自助の思想も（ちなみに *OED* によると、“self-help” の初出例は、カーライルの『衣服の哲学』第二部第三章に出てくる「あらゆる財産のうちで最高のもの、すなわち自助という財産」という一節だそうである）もとをただせば、先輩と同じこのスコットランドの血の生み出したものと言えるかもしれない。

マックス・ウェーバーは、その名著『プロテスタンティズムと資本主義の倫理』*Die protestantisch Etik und der ‘Geist’des Kapitalismus*（1904-05）で、プロテスタント、とくにピューリタンたちの禁欲主義と勤倹実行の精神が、近代資本主義の発達にいかに大きく貢献したか、それを詳しく実証しているが、それによると、彼らピューリタンにとって、働くということが、即、神への信仰であり、労働の代価として得られる地上での報酬のすべては、彼らの信仰の義（ぎ）なることの証しとなるものであった。金銭的報酬と世俗的成功はそうしたひたむきな信仰の当然の代価だったのである。こうして彼らはひたすら神に嘉（よみ）せられたいという一心で、奢侈に溺れることなく、黙々と働き続けたのである。そしてこの禁欲的労働の精神が産業革命を動かし、やがてそれが西洋における資本主義社会形成の原動力となったということである。

このピューリタン信仰の本拠であるスコットランドが、産業革命大成の地となり、ワットを初めとする数多くの成功者を世に送り出したのは、不思議ではないだろう。もちろん、この労働を神聖化する思想はなにもスコットランドに限ったことではなく、イングランドにも根強いものでもあったし、ピューリタンに限らず、広くヨーロッパのプロテスタント系信者には共通するものであった。スマイルズの『自助論』が爆発的な人気を博した理由のひとつは、彼の自助の訴えかけに共感し、積極的にそれを受容しようとする精神風土が、すでにそこにあったからにほかならない。

しかしこうした労働崇拝の精神は、反面極めて独善的自己主張と排他的傾向の強いものであって、明らかに《教養》の精神とは相容れないものであることも否定しがたい事実である。偏狭なピューリタンたちはそもそも学問・芸術などに信を置いていない。彼らにとっては、いたずらに空理空論を弄ぶ学問研究や、事実無根の空想に耽り読者の快楽心を煽る文学などの芸術活動は、現実の生活に益をもたらすどころか、むしろ有害なものでしかないのである。しかもこうしたピューリタン的反感と偏見はなにもこの時代に限ってのことではなく、シェイクスピアの時代から延々とつづく伝統的な風潮であって、これがスマイルズの思想のなかに依然根強く残されている歴史的残滓である。『自助論』のなかに、ヴィクトリア朝を代表する「セルフメイド・マン」の一人であるはずの小説家ディケンズ Charles Dickens（1812-70）が一度も顔を覗かせていないことが、驚きであると同時に、まことに特徴的にそのことを物語るものだと言えよう。

(3) 《教養》不毛の世界

こうした学問を疎んじる根強い風潮が、イギリス全体にはびこる中で、この間《教養》はどこに消えてしまったのだろうか。私はこれまで《教養》の概念の成立から、その発展の過程を追うことを目的として話題をスタートさせたつもりである。そして、時代の大きな変革の嵐のなか、自らのアイデンティティを模索する過程で、自らを見つめ直そうとする自省的衝動と、自らの人格を鍛えようとする「ビルドゥング」のための努力がほどよくマッチングして、その結果いわゆる「ビルドゥングスロマン」*Bildungsroman* と呼ばれるジャンルの文学が生まれて、ゲーテの『ウィルヘルム・マイスターの修業時代』（既出）やカーライルの『衣服の哲学』*Sartor Resartus*（1833-34）などの作品が生まれてきたのである。

ところがそれを語ろうとすると、話題は当初のもくろみとはいささか異なった方向に展開することになる。その方向転換の兆しは、すでにカーライルの『衣服の哲学』のなかにあった。まずトイフェルスドレックの自伝が、自己の人間形成を主題とするビルドゥングスロマンのパターンを踏襲している一方で、その形成の手段として、そのなかに盛り込まれたはずの行動主義と労働崇拝の思想が、『過去と現在』*Past and Present*（1843）を経由するうちに、いつしか一人歩きを始め、《教養》を本義とする教養主義とは真逆の、勤労と節倹を旨とする自助の美徳を賛美する方向へと勝手に進みだしたことである。

しかし改めて考えてみると、これは不思議でも何でもないことかもしれない。そこには彼、カーライル、の行動主義の思想を支持する強固な風土がすでに存在していたからである。《教養》という言葉は、いまだに一般庶民にはなじみの薄い言葉であった。それにピューリタンを主体とする彼らは、そもそも彼らの信仰に有害なものとして、学問に強い偏見と嫌悪感を抱いていた。彼らは社会的地位・階級を異にするエリートの子弟の学ぶパブリック・スクール、ましてやオックスブリッジなどは、すべて高嶺の花、所詮縁なき素生だった。つまり彼らにとって、《教養》は敵と言うよりも、むしろ考慮の対象にもならないものだったのである。スマイルズの『自助論』は、言うならば、カーライルの過激な思想に甘い衣をまぶすことによって口当たりをよくし、社会に内在する反教養主義の偏見に巧みに訴えかけたものだったのである。

ただ、この『自助論』の反教養主義的精神風土が、実はビルドゥングスロマンがもっとも愛好する、居心地のよい舞台となり背景となったと言えるかもしれない。もちろん、このジャンルの小説の主人公たちが、そんな精神風土を、是認していた訳ではない。彼らのほとんどが、生まれ育った宗教的に偏狭な家庭や地域の環境―その多くがピューリタン的信仰心の篤い土地だった―に反抗して、家を飛び出し、ひとり立ちしてより自由な生きる道を切り開こうとした人たちである。つまり、教養的努力を白眼視し、ひたすら勤労こそが神に嘉せられる美徳と信じて生きている、このような彼らの周りを取り巻いている強固な反教養主義の土壌こそが、逆説的に彼らの人間精神の解放と完成の欲望を一段と増幅させ、それが最終的には《教養》への関心を高める原動力になったと考えることもできるのである。ただ彼らの努力の方向が、ウィルヘルム・マイスターのように、自己完結的、自己中心的な方向に進むことが多く、広く社会の知的レベルアップに資することを求めていないところが、これら一群の小説の限界であった。その結果、自己完結型の人間形成に満足できない、カーライルのような社会的義務と連帯を訴える警世家は、逆に反教養的な行動主義の方向へと走ってしまったと言えるのである。

それだからと言って、そのような実用と直接かかわりのない教養的な知識習得の必要性がまったく疎んぜられていたかといえば、それは言い過ぎであろう。この当時、つまり十九世紀の始めには、少なくともこうしたことは社会的ヒエラルキーの高い階級では、ある程度意識されているところだった。しかし、繰り返して言うが、（日本の場合はもちろん論外として）“culture” という言葉が、一般的に《教養》という概念を有するようになったのは十九世後半になってのことである。

（ちなみに “civilization” という英語が、今日私たちの使う《文明》という意味で用いられるようになったのは、*OED* によると《教養》よりずっと早く、1770 年代ごろからである。ある意味でこの言葉が《文化》と分別されないままに、その代用を果たしていたと言ってよいだろう。バックル H.T. Buckle（1821-62）の当時ベストセラーとなった大著『英国文明史』*History of Civilization in England*（1857-61）は文明史であると同時に、内容的には文化史的色彩の強いものだが、彼は―私の調べた限りでは―いまだ “CULTURE” を《文化》の意味で使っていない。）

要するに、言葉は概念を保有するようになって、初めて存在力を発揮できるようになるのである。イギリスのような当時としては最高の文化レベルを把持している国家においても、公的教育がごく限られた階層の子弟が独占していた十九世紀の初頭までは、《教養》という概念は、一部特権階級のためのパブリック・スクールとオックスブリッジを除けば、それを組織的に一般に普及させる十分な手立てのないままに、どこか片隅に追いやられていたと言ってよい。そして結局これという名称も与えられないままに、個人の自助努力に任されてきたというのが実情であった。

このような周囲を取り巻く逆境のもとで喘いでいた《教養》の芽を、いかにして育めばよいのか、これが十九世紀後半に入ってから、イギリスの教育界が真剣に取り組んで行かなければならない課題であった。すでにこのような教養的努力を個人に委ねておいてよい時代ではなくなっていたのである。国民の知的レベルの全体的質の向上のためはどうしても組織的な教育の充実が必要であった。その一環として、まず《教養》の存在が教育者の関心を喚起し、その意味が問い直されることになったのである。

第四章　科学勢力の台頭

(1)　進歩の夢と科学信仰

話題を元に戻す。ミルが『学長就任記念講演』で思い描いたような夢の実現を阻むものは、反教養主義の思想風土だけではない、科学勢力の著しい抬頭であることはもちろんである。ここでしばらく当時急速に勢力を強めつつあった科学に話題を転じようと思う。というのは、国民全般の科学知識への関心の高まりが、やがて《教養》の聖域である人文学の領域にじわじわと浸透を始め、伝統的なリベラル・アーツの擁護者たちにとっては実に厄介な、それでいてけっして看過できない深刻な問題となって迫り来たっていたからである。

すでに本論第三章（1）で述べたようにヴィクトリア朝（1837-1901）、とりわけ中期50年代から70年代前半の第三四半世紀は、イギリスが歴史上もっとも繁栄を極めた時代だった。産業革命以後、イギリスは「世界の工場」と呼ばれるほどにまで国際競争力を身につけ、工業生産と植民地からもたらされる莫大な富が社会の隅々にまでようやく浸透し始め、その恩恵に浴すことができた人々にとっては、それはまさにわが世の春であり、楽天の夢の地上に花咲いた時代であった。

だが同時にヴィクトリア朝は矛盾に満ち満ちた時代でもあった。こうした物質文明の繁栄のなかで、科学の未来永劫の進歩を謳い、限りない人類進歩の夢を追いつづける楽天主義が横行する一方で、来るべき神不在の世界の到来におびえ、信仰の滅亡を深刻に憂うる、いわゆる存在論的不安感(アングスト)がひそかに社会に蔓延していった時代である。マモンの富を享受し、わが世の春を謳歌するブルジョワ階級がはびこる一方で、スラムの汚泥のなかで飢餓に苦しみ明日をも知れぬ生活を営んでいる貧民の群れがいる。ブラウニングが「すべて世は事も無し」と歌う一方で、やがて彼の妻となる女流詩人エリザベス・バレット Elizabeth Barrett（1806-61）は、「おお、兄弟よ、ごらん。幼い、幼い子供たちが、激しく泣いている、この自由の国で、ほかの子供たちが遊んでいるさなかに」と「子どもたちの泣き声」"The Cry of the Children"

(1843) という詩の中で、飢餓と虐待に喘ぐ貧しい子供たちの悲惨さを訴える。このような光と影が交錯し社会的矛盾が渾然一体となってまかり通っていた時代、それがヴィクトリア朝前半期の姿なのだ。

ただこの価値観の入り乱れる混沌とした世界のなかで、相変わらず圧倒的な思想的優位の座を占めていたのが、これまで強力な理論的バックボーンとなって産業革命を支えてきた《合理主義》という名の怪物概念だった。チェスタートン G. K. Chesterton (1874-1936) がいみじくもこう言っている。「ヴィクトリア朝文学の研究は、合理主義という勝利者と、それに向かってなされる数々の反撃のロマンスに始まり、進行をする」(Chesterton, 27) と。カーライルやディケンズなど当時の錚々たる作家がこの強大な敵にいかに華々しい戦いを挑んだか、確かにそれはロマンスと呼ぶにふさわしいものだったかもしれない。しかし彼らの度重なる果敢な攻撃にも、その堅塁は容易に崩れ落ちることはなかったのである。

合理主義精神は、理性的見地に基づいてあらゆる負と見なされる概念を捨象し、正と見なされる概念のみを抽出して容認しようとする思想である。もちろん《教養》などという概念は、この思想の信奉者から見れば一顧にも価しない厄介者でしかなかったであろう。こうして彼らが不純物と信じたものをすべて捨象し、純粋に蒸留したものが彼らの理想とする《合理主義》という概念だった。そしてこの精神の行き着くところは、人類の限りなき「進歩」という思想だった。彼らにはそれを否定するいかなる論拠も存在しないように思えたのである。そして、いつしかそれは当時の産業革命の勝利者たちの理想（ボー・イデアール）となり、好んで口にする常套句（クリシェ）となった。そして、それは一般の人々のなかに浸透してゆき、だれもが人類の無限の「進歩」を信じ、「進歩」という言葉に酔っていた時代だった。アルフレッド・テニソン Alfred Tennyson (1809-92) の名作「ロックスリー・ホール」"Locksley Hall" (1842) の一節は、まさにその時代精神の要約（エピトミ）と呼ぶにふさわしいものだった。

遠くで信号灯が差し招いている。それを無駄にはすまい。進もう、
さあ、進もうではないか。

この大世界を、永遠に疾走しようではないか
変わりゆく鉄路の上を、轟音をひきずりながら。(181-84 行)

この汽車の響きに乗せた、文明進歩の夢が将来いかなる挫折をもたらすことになるか、詩人はやがて苦い幻滅の悲哀とともに知ることになる。だがそれはまだはるか先のことである。

本章の主題である《科学》は、この《進歩》というイデオロギーのいわば双子の兄弟だった。彼らは一心同体、前者は進歩の思想に乗って発達し、後者は科学の強力な支持のもとに成長をつづけた。同じ線路上を驀進しつづける双頭の機関車の勢いの前には、この科学文明の到来によって生じる精神の枯渇に危機感を抱き、彼らの暴走を止めようと立ち上がったカーライルなどの批判勢力の声など、ものの数ではなかった。機械によって支配されている「機械の時代」の恐怖をすでに予見して、それに対する警鐘を鳴らし、「今や外的、物質的事物だけではなく、内的、精神的なものまでが機械によって操作されている。〔……〕すべてのものに、巧妙に工夫された道具とか、既存の器具が用意され、手によるのではなく、機械によってなされるのである」(Carlyle, I, 227) と訴えるカーライルの良心の叫びに、少なくともヴィクトリア朝の初期のころには、聞く耳をもつものは、あくまで少数派でしかなかった。

一方、《進歩》の双子の兄弟、《科学》は自信満々、極めて饒舌である。まず産業革命を政治的に支えてきたホイッグ党の進歩思想の理論的主導者、トマス・バビントン・マコーリー Thomas Babington Macaulay (1800-59) が、1837 年『エディンバラ・レヴュー』誌に掲載した長文の評論「ベイコン卿」"Lord Bacon" の中の有名な《科学》礼賛の一節を見てみよう。

> ベイコンの信奉者のだれかに聞いてみるがよい。この新哲学〔科学〕〔……〕は人類になにをもたらしたかと。すると彼は即座にこう答えるであろう。「それは寿命を延ばした。苦痛を和らげた。数々の病気を滅ぼした。土壌をより豊かなものにした。水夫に新たな安全を与えた。戦士に新たな武器を提供した。われわれの先祖が

> 見たことのない形の橋を大河や河口洲に渡した。雷光を天上から地上へ無難に導いた。夜を昼の輝きで満たした。人間の視野を拡大した。人間の筋肉の力を増大させた。運動を加速させた。距離を喪失させた。〔……だが〕これらはその果実の一部に過ぎないのである。なぜなら、それはけっして休むことのない、けっして到達することのない、けっして完全ではない哲学であり、その法則は進歩であるからだ。昨日は見えなかった点が、今日はゴールであり、そして明日は出発点となるであろう。（T. B. Macaulay, II, 468-69）

ここではマコーリーは「新哲学」“new philosophy” と言っているが、十九世紀の前半では、“science” は元々「学問」全般を表す言葉であって、“culture” 同様に、言葉の成熟には時間がかかる。それが長い時間使い込まれて、ようやく今日的な意味概念を獲得できるようになるのである。とくに《科学》を表そうとするのには「自然科学」“natural science” と形容詞を冠することが通常であった。*OED* によると今日的な《科学》の意味での初出例は 1867 年である。ただし、一般にはもう少し早く、1850 年前後から用いられていたようである。ここでのマコーリーの「新哲学」は、明らかに今日で言う《科学》を指示する言葉であり、当時の人々の科学の進歩に寄せる信仰めいた期待感を、もっとも素直・率直に表明したものであろう。

こうした科学信仰がいかばかり根強いものであったか、十九世紀末から二十世紀初頭にかけて夫シドニーとともに社会主義運動に挺身した、ビアトリス・ウェブ Beatrice Webb（1858-1943）の『私の修業時代』*My Apprenticeship*（1926）という、彼女の前半生を綴った回顧録の中に引用されている、ウィンウッド・リード Winwood Rede（未詳）の狂信的な科学信仰の書『人間の殉教』の一節を読むとよい。マコーリーのそれと比して遜色のない、いや、はるかにそれをしのぐ実に印象的な記述である。

> 科学が、われわれが理解できない、かりに説明されても、野蛮人が電気、磁気、蒸気を理解できないのと同様に、今は理解できないような手段で人体を改造するときがやがて来るだろう。病気は根絶されるであろう。腐敗の原因は取り除かれるで

> あろう。不滅が発明されるであろう。そうなったとき、地球は小さいものだから、人類は宇宙に移植し、惑星と惑星を、太陽と太陽とを分け隔てている大気なき宇宙の砂漠空間を横断することであろう。地球は聖地となり、宇宙のあらゆる方面から巡礼の訪れる場所となるだろう。最後には人類は自然の力を征服し、全宇宙の体系の建築者となり、製造者となるであろう。人間はその時完全なものとなり、創造者となり、そのゆえに現人神（あらひとがみ）として崇拝されるものとなるであろう。（Webb, 148）

その本が出版されたのは1872年のことだという。マコーリーの時代からさらに30年の年輪を重ねて、《科学》という言葉はここではすでに立派な独立権を獲得している。それにしても科学に寄せる信仰心もいささかの衰えの兆しを見せていない、いや一段と燃えさかっているのは、実に驚くべきことである。このH. G. ウェルズでも想像することを憚るような狂信的世界を、果たして当時一般の人々がどこまでまともに信じていたかは疑問だが、科学信仰の行き着くところは、結局そこにまで到達することもあり得るという実例であろう。

（2）　科学教育振興への機運

こうした科学信仰の全国的な風潮に乗って、イギリスに「科学進歩促進協会」（BAAS, "The British Association for the Advancement of Science" の略）なる《科学》を標榜した学会が結成されたのは、1831年のこと、それが地方都市のヨークにおいてであったということがいかにも象徴的である。そもそもこの学術団体はマンチェスターやバーミンガム、グラズゴーなどの新興の産業都市で、それぞれの地域の産業テクノロジーの技術的バックアップを目的として組成されたもので、これまで個々ばらばらに活動していたものが全国的に強い科学的関心の高まる中、この機会にこれらをひとつに組織的に統合しようという機運となって、その結果生まれてきた団体である。この経緯を見ても明らかなように、この団体は《科学》を標榜はしていても、基本的には「科学技術」（テクノロジー）研究を主眼とする組織であったことは間違いがない。いまや科学技術の振興は、上記の新興都市の産業革命の担い手たちにとって時の声であった。産業競争を勝ち抜くためには、個々の技術革新・発明に待つのではなく、ひとつの統一された組織体として、自らの意思を発揚しなければならないということが、絶対に避けては通れない緊急の課題となっていたのである。そのためには科学者、とりわけテクノロジーの専門技術者の養成がなににもまして切実・緊急の課題だったのである。

実際には、それ以前に「王立研究所」(The Royal Institution, 1799年設立)という王立の科学研究機関が存在していた。しかし、その綱領に「〔科学〕知識の普及と有益な機械技術の発明・改良の成果の普及を促進し、かつ哲学的講義と実験の課程を通じて科学を一般の生活にいかに応用するか、その技術を教えること」とあるように、これも科学の基礎理論研究とはほど遠い、きわめて実学的色彩の強いものであった。それに「王立」という言葉からも連想されるように、いかにも官僚臭の強いもので、地方からの要望を汲み上げる、新しいテクノロジー知識の開発にはほとんど機能していなかったのである。

このような背景が影響して、これまでイギリスにおける科学研究は、すべて個人の手に委ねられていたと言ってよい。たとえば酸素の発見者と言われるジョゼフ・プリーストリー Joseph Priestley(1733-1804)は、化学者であると同時に本業はユニテリアン教会の牧師であったし、原子重力表や、「分圧の法則」(Dalton's Law)の作成者として国際的に知名度の高かったジョン・ドールトン John Dalton(1766-1844)は、マンチェスターの小さなカレジの物理、数学の教師として生涯を終わった。またチャールズ・ダーウィンの祖父でイギリス進化論の草分け的存在だったエラズマス・ダーウィン Erasmus Darwin(1731-1802)は、生涯専門的職業に就くことはなかったし、のちのチャールズも同様であった。多少例外的と言えるのが『ローソクの科学』*The Chemical History of a Candle*(1861)の作者マイケル・ファラデイ Michael Faraday(1791-1867)だろうか。彼は先に述べた「王立研究所」に所属し、そこで「ファラデイの法則」(1833)など科学史に残る数々の業績を残している、草分け的プロの科学者と言えるかもしれない。しかし彼とても現役中はほとんど横のつながりをもたない、一匹オオカミ的存在であったことに変わりはない。その間、公的な組織的科学研究は、十九世紀に入っても、かけ声ばかりで、いまだほとんど手つかずの状態だったのである。だがこのBAASの設立をひとつのきっかけにして、「昆虫学会」（1833年)、「植物学会」（36年）「顕微鏡学会」（39年)、「化学学会」（41年）など、専門別学会が次々に誕生し、それぞれの学術雑誌も発行され、少なくとも研究者同士の学問的交流の場は次第に整いつつあった。だがこれも所詮はごく限られた同好者たちの集団で、学際的な組織を形成するには、いまだほど遠い状態だった。

一方科学教育振興の動きはと言えば、これは遅々として進んでいなかった。人類の限りない進歩を謳い、科学への限りない信仰心を抱きつつ、この現実との乖離は何としたことだろうか。これもヴィクトリア朝の大きな矛盾のひとつと言えるだろう。その間オックスフォドやケンブリッジはこうした地方から上がってくる切実な声に、いたって鈍感であって一向に動く気配を示さなかった。

そうした彼らの伝統校の無関心ぶりに、業を煮やした訳ではないだろうが、イギリス功利主義哲学の総帥ジェレミー・ベンサムやジェイムズ・ミルなどが設立発起人となって、新しい大学を設立しようという動きが、にわかに活発になった。そもそもこうした新大学設立の背景にあったのは、オックスフォドやケンブリッジが国教会の信徒の子弟以外のものに門戸を頑なに閉ざしていたことにある。ところが、産業革命を通じて新たに台頭してきた中産階級の大多数は非国教徒であり、当時大学と名のつくところはイングランドにはこの二つしかなかったから、大学教育を受けたくも受けられないことへの不満が急速に高まり、それが新しい大学設立の引き金になったということである。

もう一つの理由は、中産階級が、オックスブリッジなどの伝統校にはない、彼らのより切実なニーズを満たすことのできる高等教育の場を特に強く欲していたことである。つまり、これまで汗水流して事業の拡大と、金儲けにひたすら専念してきた新興ブルジョワ層にも、生活にゆとりができてきて、自分たちにはこれまで無縁だったより高度な知識と教養を子弟に施そうという機運が、ようやく芽生えてきたことの表れと言えるであろう。社会的地位の上昇により、次第に学歴の必要性を痛感するようになったのである。またこれは、第一次選挙法改正（1832 年）へ向けての中産階級の政治意識の高まりと連動した、新たな権利獲得運動の一環とも考えられる。教養への関心を高めつつあった一部新興のブルジョワ階級が、その特権の分譲を要求し始めたのである。いずれにしても、大学教育が一部特権階級の既得権であった時代は、すでに終わりつつあったということである。

大学設立の話がにわかに具体化したきっかけは、トマス・キャンベル Thomas Campbell（1777-1844）というスコットランドの詩人が、「有益な知識普及促進協会」（1825）の設立者で同じエディンバラ大学で法律を学んだ同窓生のヘンリー・ブルーム Henry Brougham（1778-1868）に、ロンドンに大学を設立するよう強く訴えたことである。スコットランドの大学の歴史は古く、15 世紀には（ミルがのちに講演を行った）セント・アンドルーズ大学を始めとして、スコットランド国王勅許の公立の大学がすでに四つ存在していた。十八世紀スコットランドが、スコットランドだけでなくイギリス全土の知的活動の中心となったのは、ひとつには特定の宗派に囚われることのない学問的自由の伝統が、早くからそこに根付いていたからにほかならない。

キャンベルの提言を受けて早速ブルームは立ち上がった。彼は当時ホイッグ党国会議員の指導的地位にあり、なおかつベンサムの強い思想的感化のもとで、急進的功利主義改革派の一員として率先、教育の啓蒙普及に尽力していた人物だったから、彼の傘下に思いを共にする同士を糾合することにさして困難はなかった。提言者のキャンベルとブルームはもちろん、それにジェイムズ・ミルなど急進的改革家たちが組織の中心となって率先協力した結果、1826 年ロンドン大学（University College, London、略称 UCL）が設立されることになった。

大学の発起人の顔ぶれからもわかるように、新大学は脱宗教的であり、リベラル的であり、より実学的科目を採択したことが特色だった。その設立時の綱領もはっきりと人種、階級、宗教の如何を問わず学生を受け入れること、いかなる宗教的信条も知識の探求と普及を妨げることがあってはならないこと、さらに現在商工業がとくに必要としている学科目、例えば法律、建築、医学などの組織的教育に重点をおくことを、はっきりと謳い文句に掲げていた。こうした建学の趣旨にベンサムやミルなどの功利主義者たちの意向が強く反映しているのはもちろんである。また宗教的信条が、知識の普及や思想の探求の妨げとならないようなカリキュラムの選択をし、当時台頭しつつあった商工業社会のニーズに沿ってその子弟にアカデミックな訓練を施すことを目的として設立された、イングランド最初の大学であることを高らかに学是に掲げてある。つまり、イギリス人すべてにこの大学で学ぶ権利を保証すると同時に、大学側に学科目の選択の自由と、卒業証書、学位の授与の資格を保証するというものであった。これによってオックスブリッジのいわゆる自由七科（文法・論理・修辞・算数・幾何・音楽・天文学）以外の科目、たとえば法律、経済、現代文学、語学、美術、そして医学、物理・化学などの自然科学系列の科目が、カリキュラムに採択されるようになったのである。このような実用的知識の習得によって、当然学生に教養として求められる種類も範囲も、これまでにない広がりと多様性のあるものになった。ベンサムやジェイムズ・ミルなどの功利主義者が発起人に加わっていることからも容易に推察できるように、この大学が当初からいわゆるオックスブリッジを標的にして、対抗心をむき出しにして創設された大学であることは明々白々だったのである。

このようにUCLの目標としていることが、脱宗教的であり、リベラル的であり、なおかつ実学的であるということ、具体的には、古典語への比重をできる限り軽減し、それに替わって、従来オックスブリッジでは教えられることのなかった、近・現代の文学や外国語の履修がカリキュラムに加えられたり、筆記試験が導入されたりするなど、オックスブリッジの亜流に堕することを厳しく拒む一方で、スコットランドやドイツの大学に積極的にその範を求めようとしたのだから、オックスブリッジが激しくこの動きに抵抗したのは当然である。国教会派の口さがない連中からは「ガウアー街〔UCLの所在地〕の神不在の学校」と罵声を浴びせられ、国王の勅許が得られないままに、当初は株式会社組織でスタートせざるを得なかったというのが実情であった。さらにその翌年には、一種の嫌がらせであろう、UCLの向こうを張って、国教会の支援を受けたキングズ・カレジの新設の話が急速に持ち上がり、これが31年国王勅許を受けてさっさと開学してしまった。しかしこのような逆境に置かれ、資金不足に喘ぎながら、UCLは着々と準備を進め体制を整えていった。この様子を見て、政府もこれ以上看過することができないと判断したのであろう。1836年秋、ようやくにして国王勅許状が下賜され、先に認可されていたキングズ・カレジと併せて、法律と理化学系の科目、また医学の学位授与の資格を有する大学として、ここにロンドン大学が正式にスタートすることになった。医学部の付属病院もこれと同時に開設されている。

以後のロンドン大学の発展についてここで詳しく説明する必要はないだろう。海外の学生に広く開かれた大学として、1860年代以降、伊藤博文を始めとして、若かりし日にロンドン大学に留学し、その先端的知識の恩恵に与った日本人は数多い。その意味で明治時代日本の文明開化への貢献度という点では、この大学はオックスブリッジとは比較にならないくらい高かったと言えるであろう。*

（＊当時の日本人がなぜロンドン大学を選んだか、その最たる理由は、ヨーロッパを代表する近代都市文化の粋を直接肌で体験したいという願望もあったであろうが、何と言っても、その大学が当時の日本政府がもっとも人材を欲している法律、経済学、医学など実学に重点を置く教育機関であったことであろう。夏目金之助（漱石）が文部省派遣の留学生として、「英語」の勉強にイギリスに派遣され、当初ケンブリッジ留学を希望しつつもその望みを果せず、結局UCLの聴講生となったとき、彼はロンドンもこの大学の実学優先の学風も、自分の気質に合わないことを、即座に肌に感じたのであろう。聴講したのが、中世ロマンス文学の権威として当時名高かったW.P.カー教授の講義であったということが、いかにも反骨精神の塊、漱石らしい皮肉なやり方ではないか。要するに日本の文部当局にはただ実学あるのみ、《教養》などというものは最初から眼中になかったのである。これは今でもまったく変わりがない。）

しかし、私が今回ロンドン大学創設の話題を持ち出したのは、なにもそのような日英文化交流の歴史を語るためではない。この大学の開設がイギリスの《文化》の歴史とって「画期的」と呼んでよいくらい、重要な出来事だったからである。それは大学発足のときの「憲章」(Royal Charter) を読めば自ずと明らかである。「階級、宗派の如何を問わず、またいかなる差別もなく、わが忠誠なる臣民すべてに、正規かつ自由(リベラル)な課程の教育を督励することは、国王に課せられたる義務なり。」つまり、イギリス人すべてにこの大学で学ぶ権利を保証すると同時に、大学側に学科目の選択の自由と、卒業証書、学位の授与の資格を保証するというものである。これによってオックスブリッジのいわゆる自由七科以外の科目、たとえば法律、経済、現代文学、語学、美術、それに加えて医学、物理学、化学などの自然科学系列の科目が正式にカリキュラムに採択されるようになった。このような実用的、応用科学的学問の履修によって、当然学生に求められる知識の種類も範囲も、そしてなによりもその質が、従来とはまったくと言ってよいほど、大きく変化することになったのである。当然、これによって "culture" の概念も大きく変容を迫られることになる。これまでのような教養主義一辺倒のもので一括しえないものとなってゆく。その矛盾がほどなく露呈することになる。それも間近に迫りつつあったのである。

このようにロンドン大学が新設され、科学への関心が一段と高まるなか、オックスブリッジも安閑としてはいられなかった。そのうちオックスフォドの制度改革の苦難の歴史については、すでに舟川一彦氏の『十九世紀オクスフォード―人文学の宿命』に詳述されているので、その優れた解説からの一節をここに引用しておこう。

〔オクスフォードの〕大学人たちは総じて自然科学を認知するのに消極的であったが、それでも科学の精神は固い防御をくぐり抜けて、少しずつ大学世界に浸潤して行った。一八五〇年に改定されたオクスフォードの試験規定で、オプションとして自然科学の最終試験が制度化された〔……〕のがその第一歩ということになるだろうが、その直後の情況をパティソンは次のように回想している。(舟川、182)

以下そのパティソン Mark Pattison（1813-84）の『回想録』*Memoirs*（1883年刊行、ただし『回想録』は1860年まで）からの引用が続く。彼はかつてニューマンの熱烈な信奉者の一人であったが、1850年代には、オックスフォードのもっとも積極的な科学講座設立擁護派に転身している。そのパティソンの言葉の一部も合わせてここに引用させていただこう。

> そうこうするうちに、われわれ大学人の間でひとつの影響力が増大していた。〔……〕この影響力こそは、たて続けに組織された［一八五〇年と一八五四年の］二つの〔執行〕委員会よりもはるかに大きな革命的変化を、オクスフォード大学の活動領域と機能にもたらすことになったのだ。それは、大学博物館を通じて導入されたわずかばかりの自然科学である。ひそやかに浸透してきたこの科学精神があればこそ、その後、われわれ大学人の間に、大学の任務についての広い視野にもとづく大局的な見方が徐々に形成され、その任務を遂行しようとする欲求が拡まってきたのだ。（同、183）

このパティソンの引用に言及されている「博物館」というのは、「オックスフォド科学博物館」のこと。さすがのオックスフォドもこうした科学勢力の台頭にうかうかしてはいられなくなったようである。1850年、オックスフォドに科学博物館建立の話が浮上し、55年に着工、五年の歳月をかけて、中世ゴシック殿堂を思わせる堂々たる博物館が完成した。ちょうどジョン・ラスキン John Ruskin（1819-1900）の『ヴェニスの石』*Stones of Venice* の第1巻（1851）が出版され、当時、世はあげてゴシック・ブームの最中（さなか）だった。いたるところに中世のゴシック建築を模した疑似ゴシックの建物が建立されつつあった。皮肉なことに、伝統を誇るオックスフォドが、こうしたブームに乗った形で科学の信仰のための神殿造りに奉仕することになったのである。さらに皮肉なことに、1860年、博物館開設を記念して、この建物でBAASの学会が催され、この場所がサミュエル・ウィルバフォースとT.H.ハックスリーのダーウィン学説に決定的勝利をもたらすことになる、有名な進化論論争の行われる会場となるのである（後述）。ゴシックの聖堂が科学の目的に供され、そこがまたキリスト教信仰に破滅的打撃を与える機会を与える場所となる。これぞ歴史の巧まざる皮肉というものであろう。

(3)　信仰と科学の思想的狭間で—揺れ動く知識人

歴史的に振り返ってみると、『種の起源』の発表よりも、あるいはこの壇上での激論こそ、宗教と科学の決裂を決定づけたものであったのかもしれない。不思議なことだが、これまで宗教と科学は、何とか折り合いをつけてうまくやってきた。ダーウィンの作品が世に衝撃をもたらす以前、すでに十九世紀前半のころから、古生物学や地質学が、自然進化の研究の必然の過程として、旧約に記載されている天地創造の記述に真っ向から背反するような証拠を、次々に提出してきていた。もし種が可変であるとするならば、果たして人類だけが例外でありうるのか。果たして人間の霊魂だけが不滅なものでありうるのか。この難問にいかにして対応するか。テニソンの『イン・メモリアム』(1850)の第56節は、信仰か科学的真理か、その二者択一に迫られた当時の知性の苦悩の表白として読めるであろう。

神は愛なりと信じ、
　愛は創造主の究極の掟と信じ—
　たとえ自然が略奪に歯と爪を赤く染め、
彼の信仰に鋭い叫びをあげて歯向おうとも、

愛し、数えきれない災苦に耐え、
　真実と正義のために戦った人間は、
　砂漠の砂となって飛び散り、
鉄の丘に封じ込められてしまうのだろうか？

それだけなのか？　それでは怪物だ、夢まぼろしだ。(56節、13-21行)

テニソンがこの一節を書いたのは、正確にはわからないが、おそらく

1830年代の半ばごろ、チャールズ・ライエル Charles Lyell（1797-1875）の『地質学原理』*Principles of Geology*（1830-33）が、当時の学会の話題をさらっていた最中であった。「砂漠の砂」、「鉄の丘」という詩句には、そうしたライエルの思想的影響がはっきりと読み取れるし、「自然が略奪に爪と歯を赤く染め」は、自然界の弱肉強食が、ヒューマニズムや宗教倫理によって、いかに糊塗しようにも、看過しえないものであることを如実に証明して見せるものであった。（ちょうどそのころ、ダーウィンはビーグル号に乗って（1831-36年）世界一周の旅を続けている最中だった。彼も船上でライエルの書を読んで大きな影響を受けたと言われている。）テニソンの詩がいみじくも証明するように、ダーウィンの衝撃波が全世界に広がってゆくまだ夜明け前の段階で、人間の魂が不滅か否かの問題は、科学と信仰の狭間に立たされ、いたずらに科学の進歩に浮かれることを許さず、逃げ場のないままに真剣に懊悩している精神の、避けては通れない難問中の難問となっていたということである。

にもかかわらず、テニソンが『イン・メモリアム』を発表したときには、すでにこの問題に彼ははっきりと決着をつけていた。彼はその「プロローグ」で高らかにこう謳いあげたのである。

神の強き子息にして不滅の愛なる神よ〔イエス・キリストのこと〕、
　あなたのお顔を拝することはたとえできなくても
　信仰によって、信仰のみによって、あなたをいだきしめよう。
証明しがたきことをひたすら信じることで。（1-4行）

いわゆる「ヴィクトリア朝的妥協」（Victorian Compromise）という言葉がある。後世の歴史家が名づけたものだが、このテニソンの一節は見事にその言葉の適切さを証明しているようである。この当時の知識人は証明しがたいことは、信仰にすがってどうにか決着を図ろうとし、またそれをやってのけたのである。どうしてそのようなことが可能であったのか。言うまでもない。彼らの信仰を打ち砕くだけの決定的証拠を、科学の世界はいまだ打ちだせないでいたからである。ライエルのような科学者による研究は着実に進んではいたが、所詮地味なもので、専門家たちなど限られた領域の人々に関心を呼ぶものでしかなかった。

そうしたなか、ひとりのアマチュア博物学者が、無署名で当時の進化論争に大きな波紋を投ずる一冊の本を発表した。これが地下にくすぶっていた世間の進化論への関心を呼び覚まし、俄然センセーショナルな反響を呼び起こすことになった。『創造の博物史の痕跡』*Vestiges of the Natural History of Creation*（1844）は、まさにそんな素人受けのする本であった。のちにこの作者が、有名な『チェインバーズ百科事典』の初代編集者兼出版者で、素人博物学者のロバート・チェインバーズ Robert Chambers（1802-71）であることが明らかとなったが、彼の主張の要点は、莫大な時間をかけて変化を重ね、進化をしてゆく自然界の生命の営為が、作者は明言を避けてはいるが、単に下等生物だけの問題ではなく、論理的にはすべての高等動物、ひいては人間にも該当するという含みを持たせて語っている点にあった。作者は作品の内容が聖書をあからさまに否定するものだけに、これは当時としてははなはだ危険な言説であった。出版社の信用に被害の及ぶのを危惧して名前を伏して発表したのだが、初版から売れに売れ、版に版を重ね、十年間で 24,000 部という、この種の科学書としては破格の歴史的大ベストセラーとなった。内容は、ラマルク的な斉一（さいいつ）説を基軸に据え、自然の法則下での種の発達を唱えつつ、何とかしてそれと神の創造の秘蹟を合体させようとする苦肉策で、信仰と科学思想の両立を狙った強引な妥協の産物だった。それだけにジャーナリズムや専門家たちからの批判の集中砲火を浴びることになったのだが、それが皮肉なことに、本の爆発的売れ行きにつながったのである。進化論がいかに当時の知識人を自認する階層の人々の関心を呼んでいたかを如実に示す例である。

信仰と科学をいかにして両立させるか、苦労していたのはなにも俗人だけではない。チャールズ・キングズリー Charles Kingsley（1819-75）のような、売れっ子の小説家であるだけでなく、れっきとした国教会の司祭、それも女王の礼拝堂付きの司祭だったという、時代を代表する宗教家が、その方面ではかなり名の知られた博物学の研究者でもあったということ、これもこの時代の特徴である。これは1854年に彼が知人に宛てた手紙の一節である。

> 私のことを「感傷家」とか「狂信家」だと思っている人たちは、私がいかに完璧な自然科学好きの性向の持主で、ごく小さいころからその学問の訓練を受けてきたかを、ほとんどなにも知らないのです。私は新しいポリプの分類をしたり、地層の地質学的問題を解いたり、ベイコンの難しい帰納法を少しかじったりする方が、小説を書くよりずっと幸せです。私の神学的信条は徐々に自然に私の形而下的信条から成長してまいりました。そして今ではキリスト教独特の教義が〔……〕、最高かつもっとも厳密な科学と一致するものであるということがわかりましたし、ますますそう信じております。(Kingsley, I, 299)

そんな彼が、のちに『種の起源』が発表されたとき、それを激しく非難し、神の創造の秘蹟を擁護したところに、彼の信仰の根本的矛盾、いやこの時代の共通した矛盾がはしなくも露呈することになる。ダーウィンの自然淘汰理論には、キングズリーのような半端な妥協を許さない厳しさがあったのである。

いずれにしても、振り返ってみれば、1840-50年代というのは、『種の起源』発表前の、進化論の歴史のなかでは、大事件出来以前のいわば「夜明けまえ」空白期間(インテレグナム)だった。その間、地下でマグマは着々と大噴火のエネルギーを蓄積していたが、ただ人々はそれを知らなかった。進化論と戯れながら、いまだ既存の信仰を受容し、進歩の夢を楽しむ余裕があったのである。

(4) 科学技術(テクノロジー)の勝利

イギリスの科学・テクノロジーの歴史において欠かすことのできないシンボリックな記念塔が、1851年、世界初の万国博覧会のため、ロンドンのハイド・パークに建設された水晶宮(Crystal Palace)であったことは、間違いがないところであろう。今にして思えば、この万国博覧会こそがヴィクトリア朝と言わず、長いイギリスの歴史の栄華の絶頂を極めようとするまさにその瞬間を刻む画期的イベントであった。だが何といっても、このイベントの花形はヨーロッパ列強の、当時としてのそれぞれ自慢の近代科学技術の粋を極めた最新鋭の機械・器具類を館内に収蔵・陳列した巨大な水晶宮であった。これこそが、産業革命以後、つねに世界の先頭に立ち着々と築き上げてきたイギリスの産業・科学技術の成果を天下に誇示するための、国家のプライドを賭けた最高の見世物となったのである。この水晶宮が従来の建造物と異なるところは、何と言っても建物全体を覆う透明平板ガラスの屋根と壁と、その重量を支える堅牢な鉄筋の支柱であった。これら木材や石材にいっさい頼らず、すべて最新のテクノロジーから生産された建築材料が、全長 563 メートル、幅 124 メートル、高さ 33 メートルという巨大建造物を土台から築き上げている。そして、そのような建築を可能にしたものは、十九世紀に入ってからの板ガラスと鋳鉄精製技術の急速な発達であった。（ガラス工法とその歴史については、拙著『視線の歴史―〈窓〉と西洋文明』（世界思想社、20004)、第 10 章「ガラス・テクノロジー」で詳しく語っているのでそれを参照されたい。）この世界の最先端をゆく二つの最新のテクノロジーの見事なマッチング、これぞまさしくイギリス科学技術文明の勝利の証しとなる月桂冠であった。そしてこの水晶宮こそが、あるいは当時台頭しつつあったイギリスの「科学信仰」の神殿だったのかもしれない。

次の引用は記念すべき開会式の当日（1851 年 5 月 1 日)、会場に赴いたマコーリー―この章の冒頭のところで科学賛美を滔々と謳いまくった、あのマコーリーの『日記』の一節である。J. B. プリーストリーの『ヴィクトリア女王絶頂期』*Victoria's Heyday* からその部分を借用しよう。

〔万国〕博覧会開催日にふさわしい日和。朝のうちは多少雲があったが、全体的には好天快適な一日だった。〔……〕ハイド・パークをサーペンタイン湖沿いに進んで行く。池の両側には大群衆がいた。おそらく公園内には、すでに三十万人の群衆がいたに違いない。緑の枝を通しての眺めは素晴らしかった。池の水を切って進むボートや小汽船。旗、音楽、号砲。すべてが心弾ませるものだった。群衆の気分も最高潮〔……〕。

会場内へと進む。何とも豪華な眺めだった。巨大で、優雅で、アラビアのロマンスの夢に勝るものだった。私はローマのカエサルたちだって、これ以上華麗なスペクタクルをかつて演出して見せたことはなかったと思う。まさにめくるめく思いだった。(Priestley, 78)

おそらく彼の胸中には、これまで思い描いてきた科学の理想郷が現実のものとなったという万感の思いが激しく去来していたことだろう。*

(＊余談だが、1970年の大阪万博以降の日本の急速な経済発展と、これはなにか奇妙に符合するところがある。万博以後の四半世紀(1970-95)は、これも日本が繁栄の頂点を極め、「日昇る国」と呼ばれるまでに経済力をほしいままに、国民がひたすら富と享楽に溺れ、わが世の春を謳歌する時代であった。これは果たして単なる偶然であろうか? 一国の消長の歴史には、なにか見えざる法則が働いているような気がしてならない。二国に異なる点があるとすれば、やがてバブルがはじけ、日本は得意の絶頂から真っ逆さまに急坂を転がり落ちていったのに対し、イギリスの十九世紀四半世紀以降の下り坂はゆるやかであったことだ。同じ国家衰退の姿を晒しながらも、ここに彼我の文化の質的相違を読むことはできないか、文化論としてはなはだ興味深いテーマである。)

マコーリーはそれから十年を経ずして、イギリスの未来に限りない夢を描きつつ、この世を去った。しかし彼より長生きをしたテニソンは、そうはいかなかった。1880年代に入り、さしもの栄華を誇った大英帝国にも不況の風が吹き始めていた。台頭をつづけるヨーロッパ列強の勢力、彼らとの熾烈な政治的、経済的競争、そうした国際競争の試練に晒され、優勢を誇った科学テクノロジーの領域でも、すでに彼らの優位は失われつつあった。それとともに人心には絶頂を極めた当時の自信とゆとりはなくなり、心の中に、いわゆる世紀末的不安(*Angst*)の影がひたひたと忍び寄ってくる。彼らはこれまで抱き続けてきた科学的進歩の夢が単なる幻想に過ぎず、彼らの思い通りには行かないことに次第に気づき始めていたのである。現実の社会は進歩の夢からはほど遠く、日々暗くなりゆくばかり。60 年後に再訪したロックスリー・ホールの前に佇み、夢破れた老境の詩人は過ぎし日々を偲びつつ、暗澹たる思いに沈むのである。

> 「進め、進め」の叫び声は消え ,深まりゆく暗がりのなか、
> 聞こゆるは、墓場の静けさのなか、漏れいずる声なき声ばかり。
>
> わが青春の驚異、時空を超えた勝利のかずかずは、なかば
> 使い古され、萎えしぼみ、今や凡中の凡なるものとなり下がった！
> （「60 年後のロックスリー・ホール」"Locksley Hall, Sixty Years After," 73-76 行）

これをこれまで栄華の限りを尽くしたエリート族の信奉してきた《教養＝文化》至上主義の「挽歌」として読めないだろうか。

第五章　《教養主義》の成立、そして《文化》へ

(1)　アーノルド―「不安」からの脱出

ここでふたたび伝統的な《教養》、リベラル・アーツ支持派の世界に回帰することにする。《文化》の歴史を語るものにとって、マシュー・アーノルド Matthew Arnold（1822-88）はどうしても避けては通れない名前である。と言うのは、彼こそが“culture”という言葉を一般の人々に広く知らしめ、ヴィクトリア朝の代表的常套句（cliché）のひとつに数えられるまでに育て上げた、言うなれば偉大な言葉の宣教師であり、最大の布教者と言ってよい人物だからである。

これまで私たちはミルやニューマンなど先輩の思想家たちが、それぞれ自らの過去の経験を掘り起こして、《教養》の概念を生み出そうと苦闘する姿を見てきた。ひとつの概念の誕生のためには、その思想の懐胎者は新たな生命を生み出すために、さながら陣痛に似た苦しみを味わわなければならないのである。

ただ彼らが共通してこだわっていたことがある。それは《教養》の本拠は大学であるということ、大学は本来あるべき姿として、学生たちを専門教育とは別個の教養を目的とした徹底した自由科目中心のカリキュラムの中で鍛え、知徳両面に秀でた紳士を世に送り出すことであった。この教養至上主義が大学の使命であり、極言すれば、教養はごく限られた大学エリートたちのための特権化されたものでもあったわけである。

しかしアーノルドの場合は、同じ教養至上主義を唱えていても、二人の先輩たちとは、はっきり立場を異にしている。どのように違うのか、それを明らかにするためには、まず彼の過去に遡って語らなければならないであろう。

彼は国教会のなかの教義・礼拝形式いずれも極端に偏しないことを標榜する、「広教会」（Broad Church）という穏健・中道派教会のリーダー、トマス・アーノルド Thomas Arnold（1795 - 1842）の息子として生まれた。トマスは、パブリック・スクールの名門ラグビー校の校長として、当時無秩

序と混乱の極みにあった学校の再建に尽力し、イギリスのパブリック・スクール再興の祖と謳われた（彼の教育改革の模様は、当時の教え子トマス・ヒューズ Thomas Hughes（1822-96）の『トム・ブラウンの学校時代』*Tom Brown's Schooldays*（1857）に感動的なエピソードとともに、詳しく綴られている。戦前日本でもよく教養派の学生によって愛読された本だったが、今は埃をかぶって図書館の隅に眠っている。）偉大な教育者であり、なおかつカトリックに近い「高教会」（High Church）派に属していたニューマンとは、自他共に認める論敵中の論敵の間柄であった。その息子が、生前に父に内緒で—超有名人であった父への抵抗期の青年らしい反撥もあったのだろうが—こっそりニューマンの説教を聴きに通ったというのだから、ニューマンへの当時のオックスフォドの傾倒過熱ぶりがいかばかりのものか、それだけでもおよそ想像できるであろう。このときの熱狂と、ニューマン改宗後しばらくオックスフォドに垂れ込めた挫折と失望の暗雲が、青年アーノルドの精神に残した傷は深刻なものだった。（詳しくは拙著『歴史を〈読む〉』第七講「アーノルド」参照。）そして、この当時の傷がトラウマとなって残り、彼の後々の教養主義の思想形成にさまざまな形で影響を及ぼすことになるのである。

話題が飛ぶようだが、このヴィクトリア朝中期の精神風土を表す言葉に「アングスト」（*Angst*）というドイツ語がある。名状しがたい「胸騒ぎ」とか「不安感」を訴える言葉である。この時代、以前も述べたことだが、イギリスは未曾有の繁栄期にあって、ブラウニングの詩の一節に詠われているように、一見、世間は天下泰平「すべて世は事も無し」と、だれもが楽天気分にうち浸っている時代であった。ところが現実はそうではなかった。ちょうど現代の日本人の多くが外見は物質的繁栄を謳歌する一方で、影の部分ではどうしようもない心の不安を抱きつつ生きているのと同様に、ヴィクトリア朝の人々にとって最大の不安の種となるものは、魂の内奥にかかえる悩みであった。磐石であるはずのキリスト教の権威の土台が、波が砂浜を噛んで洗い流してゆくように、次第に崩れてゆくのに、それに替わる確固とした権威の所在を容易に見出せないままに暗闇を模索する不安（アングスト）。この不安な思いを一編の短詩に綴ったものが、アーノルドの名作「ドーヴァ海岸」“Dover

Beach”(『新詩集』1867 所収。ただしこの詩の書かれたのは 1850 年ごろ)である。当時の彼はこうした悩める青年の代表だった。ドーヴァ海峡に面する海岸に佇み、引いては返す波の音を聞きながら、かつての「信仰の海」が刻一刻退いてゆき、あとに小石の浜が広がってゆくのを眺めつつ、詩人はそこに物質文明繁栄の前に滅び行く信仰の姿を読もうとするのである。この信仰の海が消えるとき、われわれはなにを信じて生きたらよいのだろうか。「そしてわれわれは、暗がり行く平原に、合戦の叫びとラッパの音の交錯し吹き荒れるなか、敵も味方もわからぬまま、夜戦でぶつかりあっているのだ」(ll. 35-37)と、彼は絶望的な言葉でこの詩を結んでいる。確たる目的もないままに行き当たりばったり、さまよい歩いている若いインテリ知識人たちの孤独感と不安感とを、見事に描き出した傑作である。

事実、信仰の危機は十九世紀知識人の直面した最大の難問であった。物質文明がキリスト教の一千年来つづいていて磐石を思わせた伝統を容赦なく切り崩し、進化論によって代表される科学の発達は、科学的実証主義の大義名分を掲げ、聖書の秘蹟を暴き、キリスト教の権威そのものさえ否定し去ろうとしているとき、彼らはどうやって先祖伝来の信仰を擁護してゆけばよいか、皆目わからなかったのである。ニューマンとその同士たちがローマ・カトリックに転宗したのは、結局のところ、国教会の半端な姿勢に飽きたりず、より絶対的な宗教的権威を求めてのことだった。詩人テニソン が『イン・メモリアム』*In Memoriam*(「一を追悼して」の意、1850)という、親友の死を悼みつつ自らの信仰の苦悩を書き綴ったヴィクトリア朝を代表する長編詩のなかで、「信じてほしい。半端な教義よりも、誠実な懐疑にこそ、信仰がより豊かに生きているということを」(96 節)と詠ったように、多くの人々は、拠るべき代替の権威を見いだせないままに、懐疑心に責めさいなまれながら、なおも信仰に生きようと苦闘していたのである。

1840 年代の後半から 50 年代前半にかけて、アーノルドの精神的苦悩は、こうした同時代の知識人たちの中でもとりわけ深刻なものであった。信仰の悩み、恋の悩みなど、その折々の苦しい思いのすべてが、当時の詩に切々と語られていて、それが同じ思いに胸を痛めている同世代の青年たちの熱い共感を呼び、詩人としての彼の名声を高めることとなった。彼の優れた詩のほとんどがこの時期に集中している。

しかし、50年代に入ると、彼はそうした精神的苦境から次第に脱け出し始める。その理由は色々と考えられるが、ただひとつだけここで挙げるとすれば、それは彼がオックスフォド在学時代から培ってきたギリシャ・ラテンの古典の価値を再発見したことであり、その蓄えられた知識の財宝に、改めて揺るぎない権威の支柱を見出せたことである。それともうひとつ、その結果として―皮肉なことだが―彼が詩人であろうとする情熱を失ったことである。

(2) 古典回帰と人生批評

アーノルドの回心がはっきりとその形を現したのは、1853年発表の『詩集』*Poems* に付した「第一版序文」“The First Preface” からである。彼はそのなかでギリシャ・ローマの古典文学、ダンテやシェイクスピアの文学には不滅の生命が宿っている、それこそが統一感と、崇高さと、道徳的深みをもって私たちの胸に訴えかけ、現代のような混乱した無秩序な世界にとっての、もっとも信頼のおける指針となるものであると主張した。さらに「第二版序文」“The Second Preface”（1854）では、その主張をいっそう徹底させ、「私が言うのは、古典を学ぼうということである。古典は、文学、美術、宗教、道徳に信じがたいような突飛な思いつきとなって形を表してくる疾病、われわれ知性の悪徳、つまり奇想的、かつ健全性の欠如という疾病を、治癒するのに役立つものである。健全性こそが古典文学の美徳である。健全性の欠如こそが、いかに変化に富み力強さがあろうとも、現代文学の大いなる欠陥である。偉大な古典作家を注意深く読むことで、われわれの気まぐれや奇行を多少とも消去することが可能である。彼らと競合しようとする前に、少なくとも彼らを読まなくてはならない」(*Complete Prose Works*, I. 17.　以後巻数のみ記す)と、古典文学にこそ私たちが拠るべき典拠があると明言したのである。これが散々さまよい歩いた末に、ようやくにして彼の見出した権威の座標であった。古典に現代の抱えるさまざまな疾病を治癒する薬効があるという考えは、いかにもオックスフォド卒業生らしい結論ではないか。彼のうちにも、ニューマンと同様、母校の伝統である古典教育への限りない尊敬と愛着の念がしっかり根を下ろしていて、これまでじっとその芽生えの時を待っていたのであろう。

しかし彼の提起した古典の権威というのは、考えてみれば極めて曖昧な観念である。なにをもって古典と言うのか、そもそもの定義が明確でない限り、権威は権威たり得ないのではなかろうか。アーノルドにとっては、さまざまな方面からの批判もあって、この点は避けて通ることのできない問題であった。1857 年、彼がオックスフォド大学の文学講座担当教授に選任され、以後十年間、毎年定期的に講義を行うことを義務づけられたことは、彼にとって大変幸運なことだった。それが古典の権威を明確化する絶好の機会を提供してくれたからである。彼は一連の講義のなかで、ホメーロスに始まって、ワーズワスやバイロンなどのロマン派、フランスやドイツの作家に至るまで、幅広く古今の代表的作家や作品を次々に取り上げ、具体的に古典の意義を論じていった。

しかし、やがて彼はなにが古典であるかを問う以前に、それ以前の問題として古典を正確に把握するためには、読者の側の知的判断力、理解力の開発がまずは求められなければならないことに気づくようになる。

1864 年に発表した「現代における批評の機能」“The Function of Criticism at the Present Time” と題する評論は、アーノルドが文芸評論家から巣立ちをして、いわゆる文化評論家への転向を告げる重要な論文である。そのタイトルからも、彼の関心が次第に古典から「現代」へと論点をシフトして議論しようとしていることが窺えよう。彼はまずイギリス人の通弊として、全ての領域で慣例が先行して、知的判断力がそれに伴わないことを指摘して、あらゆるものに好奇心を発揮し、批評精神を涵養することこそが、まず必要であると主張する。そして、ここに彼ののちに繰り返し用いることになる金言が登場する。「批評とは、真の批評とは、まさにこの好奇心の特質を行使することなのである。批評とは、慣例、政治、かかるすべての種類のものとかかわりなく、世界中で知られ、考えられているもののうちの、最上なるものを知ろうとする好奇心の働きを促す本能に従うものである」(III. 268. 傍点引用者)。要するに古典の知恵にあずかろうとするためには、まず好奇心を横溢させて、その情熱のすべてを過去から継承された知識と思想の宝庫を訪ね歩くことに傾注しなくてはいけない、そしてその英知を現代に活用することこそが《批評》なのだ、と言うことである。ここでアーノルドは《批評》(criticism) という言葉を、積極的判断能力を表す言葉として、語源となるギリシャ語「クリティコス」の原義に忠実に、「見極め、判断し、決定する能力を有する」という、現代とは多少異なる意味で用いていることに留意しなければならない。文化が熟成し一定の水準に到達すると、想像＝創造的活動より、知的な批評的活動が優勢になることは歴史で繰り返されること。その意味から言っても、アーノルドのこの健全な批評精神を喚起しようとする呼びかけは、時代の趨勢を捉えた極めて時宜にかなったものだったと言えるかもしれない。

彼が評論活動に参加表明をした1860年代、ヴィクトリア朝の繁栄はその頂点に達しようとしていた。世の中には季刊、月間、週刊など多種多様、高級な読者御用達の文芸誌から、低俗な読者の好みを賄うセンセーショナルな話題を満載した下級雑誌に至るまで、新聞・雑誌等、ジャーナリズム文化はまさに花盛りの状態にあった。こうした氾濫する出版物のなかで、とりわけ知識人階層に人気があったのが政治評論、文化評論、そして書評である。文壇のお歴々がこぞってこれと思う雑誌に登場し、思い思いの記事を載せ、それがまた次の話題を提供し、議論を煽りたてたてることになった。結果それは一見華やかではあるが、売れない雑誌は容赦なく葬り去られる現代の出版事情と何ら変わることのない激烈な出版社間の生存競争の場でもあったのである。

だがそれは―少なくともアーノルドから見れば―必ずしも健全な方向に向かっているとは言えないものだった。論争が絶え間なく繰り返され、論争とは名ばかりのえげつのない誹謗中傷記事が飛び交い、一発を当て込んだ下等な扇情記事が氾濫するという、今日の出版界によく似た一種の言論の無秩序状態 (anarchy) がはびこっていることも見逃せない現実だったのである。

これは文化が爛熟期から退廃期に向かおうとするとき、いつの時代に起こる現象だが、ヴィクトリア朝もそんな時代にさしかかっていたと言うことだろう。

当然のことながら、古典と伝統を擁護しようとするアーノルドは、（彼自身は自由主義者を自認していたのだが）、守旧派の頭目と目され批判の矢面に晒されることになる。そして彼はこうした論争の渦中に否応なく身を置かざるを得なくなったのであった。「もっと公正無私にものごとを見るよう努めようではないか。より心静かな人生を送るよう心がけようではないか」（III. 281）という彼の訴えも空しく、彼の説く批評精神は世間の嘲笑を浴びるばかりであった。

> 批評家は、相変わらずなにをやっても、誤解に晒されてしまうことがよくあるものだ。この国ではその傾向がとくに甚だしい。なぜならば、物事を自由かつ公平に扱うことをしなければ、真理や教養というものは論外であるということを、国民が理解しようとする気すらないからである。彼らは実生活にどっぷりと浸り、日常生活の営みからあらゆる考えを導き出すことにすっかり慣れきってしまって、真理と教養そのものでさえ、日常生活の過程で到達し得るものであるし、ほかの手段でそれに到達しようと考えることさえも、不当かつ奇妙なことだと考えたがるのである。（III, 275-76）

そしてそれに続けて、このような知性と教養の効用を説く彼にジャーナリズムが浴びせる罵声を、彼はこう総括するのである。

> 一人の雄弁な支援者がこう叫ぶのである。「われわれはすべて地上の子供たちなのだ。すべてのフィリスタインたちよ、集まれ！フィリスタインに大切な道以外の道を進もうなどと考えるのをやめよ。社会運動を始めよう。真実と新しい思想を追求するために、党派を組織・結成しよう。それを自由党と呼んで互いに結束し支え合おう。独立した批評とか知的繊細さ、少数〔の選良〕と多数〔の愚民〕などという下らぬたわ言は、もうご免だ。外国の思想などに思いを煩わせることはやめにしよ

う。自分たちですべてのことを発案して先へと進もうではないか。」（同上。傍点、原文イタリックス。）

この引用にある「地上の子供たち」（*terrae filii*）とはラテン語で、原義は「卑しい生まれのものたち」で、ここでは一般大衆のこと、「フィリスタイン」とは、聖書の中に登場してくる「ペリシテ人（びと）」のことで、元は紀元前十二世紀頃からパレスティナ南方に定住し、しばしばイスラエルに侵攻してきて破壊活動を行ったと言われる、極めて好戦的で野蛮な非ユダヤ系の部族の名前である。（さらに遡ると現在の「パレスティナ」“Palestine” という言葉は、古ヘブライ語から来たもので、「ペリシテ人の国」という意味とのこと。こうした言葉の歴史的由来を見ても、今日のパレスティナ問題の深刻さが窺えるのではないだろうか。）アーノルドはこの言葉「フィリスタイン」を彼の評論に繰り返し用い、彼の布教の甲斐あって、この語とその抽象名詞「フィリスティニズム」（Philistinism）は、目先の利益にのみ目を奪われ、文化・教養を解さぬ中産階級の俗物どもの蔑称、さらに「俗物主義」という軽蔑的意味で、のちに広く一般に定着するようになった。また自由党（Liberal Party）は根っからの保守主義者アーノルドから見ると、大衆扇動型の衆愚政治の象徴であり、現代の不安と混乱の最大の元凶であり、彼らこそが「フィリスタイン」の主導者たちであった。ここに彼は《批評》の格好の標的を見出したのである。上の引用は、原テクストの注釈（III, 479）によると、『ロンドン・レヴュー』（1863 年 3 月号）掲載の「少者と多者」と題する無署名の記事の実際の結びの部分だそうだが、要するにアーノルドは、論敵の毒のこめられた文言を巧みに自らの文中に織り込み、彼のもっとも得意とする皮肉の刃で切り返したと言うことである。

(3)『教養と無秩序』

本論の第一章で、時代の大きな変わり目は、新しい概念の誕生を促すという趣旨のことを言った記憶がある。十九世紀初頭、ヨーロッパ全土が政情不安に揺れ動き、社会が不安におびえおののいているとき、他のさまざまな新しい概念とともに、“culture” も新たな装いのもと生まれ変わって登場してきたと。また、本章前半部で “culture” はヴィクトリア朝の初め、産業革命の余波でイギリスの政治・経済・文化、あらゆる面での構造変革が起き、社会的混乱の最中に物質文明の支配に拮抗する目的で、単なる人格形成の手段としてではなく、高度に知的な人格形成活動にまで昇華され、大学のリベラル・エデュケイション（一般高等教育）の中心に置かれて、新たな生命を獲得することになったことも。

しかし、1860 年代も後半に至り、さしもの繁栄を極めたヴィクトリア朝にもどこからともなく翳りが見えるようになってきた。その兆候は、本章の初めに指摘した、あの「アングスト」（名状しがたい不安感）が、現実の形となって顕在化してきたことでもあった。その顕著な表れは 67 年の第二次選挙法改正（The Scond Reform Act）である。1832 年の第一次選挙法改正のときも、社会の物情は騒然として、各地に暴動が頻発しその収拾に大変な時間を要したのだが、この新たな改正法の制定に際しても、改正の恩典に浴さない労働者たちの不満が爆発して、第一次改正の時とよく似た暴動が、66 年 7 月、ロンドンのハイド・パークで勃発し、時の保守党政権を大混乱に陥れることになった。この暴動の余燼は翌年までくすぶりつづけ、各地で小暴動が頻発し続けていた。しかし改正法への不満は表向きに過ぎず、実態はその裏に潜む深刻な労働者の雇用不安であった。「世界の工場」と言われ、活況を続けてきたイギリス産業も、大陸列強の台頭に伴って、さしもの強大さを誇った国際競争力にも衰えが目立ち始め、不況風が吹くようになって来たのである。そしていまや失業者が街にあふれ出し、それが重要な社会問題となりつつあった。

時事評論家の一人として、アーノルドがこの社会的不安の蔓延を深刻に受け止めていたことは間違いない。これまで見てきたように、彼は 50 年代から社会的混乱の鎮静剤として、古典の権威の再確認と、健全な批評精神の育成を求めて言論活動を続けてきた。しかし、それだけでは問題の解決につながらないことを十分に承知していた。こうした周辺の社会的混乱は単なる現象に過ぎず、フィリスタインと呼ばれる「無秩序」を支配する巨大な集団がその背後にうごめいていることを。この情勢に対応するために彼が新たに召集してきた最強の精鋭が “culture”、即《教養》という概念だったのである。

アーノルドがこの《教養》という言葉を強く意識するようになった最大の原因は、皮肉なことだが、彼が評論でしばしば用いていたその言葉が論敵の標的にされ、徹底的に愚弄されたことである。これまでも彼に対する批判や雑言は数え切れないくらいあったが、とりわけ挑発的だったのは、若手コント派の実証主義哲学者フレデリック・ハリソン Frederic Harrison（1831-1923）による「教養—ある対話編」と題するリベラル色の強い『フォートナイトリー・レヴュー』*Fortnightly Review* に発表された風刺文だった。アーノルドが 1866 年から断続的に発表していた『友情の花輪』*Friendship's Garland*（1871 年に一冊にまとめて刊行）に登場してくる架空のドイツ人旅行者、アルミニウス・フォン・ツンデル・テン・トロンク男爵の名前を勝手に利用して、彼と「私」を名乗る語り手とが教養論議を交わし、そのなかでハリソンはアーノルドが《教養》の言葉を弄ぶばかりで、その主張は実体のない論拠不在のものであると、徹底的に愚弄して見せたのである。

もちろんアーノルドは黙っていなかった。1869 年、彼はその思いのたけを一冊の本にすべて注ぎ込んだ。それが彼の代表作『教養と無秩序』*Culture and Anarchy* である。その「序論」で彼ははっきりとこう宣言をする。

> 私がフレデリック・ハリソン氏の非難の矛先すべてに身を晒すことはしないように、これまで進路を選んできたことは明らかである。それでも、私は教養を賞賛してしばしば語ってきたし、私の著述活動すべてを教養の利益に役立てようと努力もしてきた。私は教養を、ハリソン氏やその同輩が「新刊の批評氏に望ましい性質」と呼んでいるものよりも、はるかに重要なものと受け取っている。〔……〕要するに私は、〔急進的思想家〕ブライト氏やハリソン氏やデイリー・テレグラフの編集者、それに多数の私の大切な友人たちと同じリベラリストではあるが、経験と反省と自制心によって鍛えられたリベラリストであり、なによりも、教養の信奉者である。それゆえ、私はこれから、私の好みと能力にもっとも適った単純かつ非組織的な方法で、教養とはそもそも何であるか、どんな役に立つものか、なぜわれわれが

それを必要とするのかを、吟味し探求して見ることにする。そして、教養への信仰—私自身の信仰、他の人々の信仰双方ともに含めて—が、しっかりと足を置けるような平坦な大地を見つけるようにしよう。(V, 88-89)

これまで、私たちはミルやニューマンなどの教養主義の概念形成の過程を追ってきたが、それはあくまでも大学など限られた領域でのエリート集団の人格的育成を目的として、構想され発展されたものであった。アーノルドの場合は、このような限られた枠を撤廃し、社会全体を対象に据え、全国民的な健全な批評精神の向上のための教養心の発揚を求めようとしたもので、「教養への信仰」という言葉が示しているように、究極的には、それを宗教的なイデオロギーとして権威の座に置こうとする意図すら込められていると言っても、あながち言い過ぎではないであろう。こうした彼の思想的進化は、この作品の執筆の過程で正式の題名が決定するまでに、『教養とその敵』、『無秩序と権威』、そして最後に『教養と無秩序』という都合三度の題目変更を行っていることからも窺えるであろう。彼はこれまで現代の不安の治癒法として古典の効用を訴えてきた。さらに古典的英知から社会的無秩序に対抗するための現代を読む批評眼を形成し、その精神のさらなる涵養につとめ、そこからさらに進んでそれを《教養》という聖域にまで高め、ヒューマニスティックな支配権を確立するという、要するにアーノルドがさまざまな論争のなかで構築してきた社会改革の三段論法だったのである。

彼の信ずるところでは、現代文明の抱懐する問題とは、「機械の信仰がわれわれを取り巻いている危険である。かりに役に立つものであるにせよ、機械が本来奉仕するべき目的とは途方もないくらいかけ離れた、まるでそれ自体、独立した価値を持っているように信仰する風潮である」(V, 96) と。この社会に蔓延する機械の信仰は、カーライル流に言えば、即物的な利害打算のソロバン勘定に基づく功利的な富と快楽の追及であり、アーノルド流の別の言い方をすれば、現実の欲望充足のための、「レッセ・フェール」(*Laissez-faire*)、つまり「やりたい放題のことをやる自由」となって表わされることになる。それが今日の社会的無秩序と混乱の最大の原因であるというのが、アーノルドの社会診断である。そしてその最大の元凶と目されたものが、政治的、経済的自由を叫び、ひたすら自分たちの利益の追求に躍起となっている、イギリスの富と権力を牛耳っているブルジョワ中産階級、先に述べたあの「フィリスタインども」だったのだ。

最初この言葉を比喩的に文化破壊者に用いたのはカーライルなのだそうだが、ブルジョワ中産階級の文化を理解しない俗物ども全般に用いて有名にしたのは、ひとえにアーノルドの功績である。彼に言わせれば、彼ら中産階級は、神の教えと理性の声に従わず、ひたすら私利私欲に狂奔するばかりで、社会をいたずらに混乱させ無秩序に陥れているという意味で、古代ペリシテ人と同罪である。イギリスは現在このような文化破壊者のなすがままになって、まさに無政府状態にあると言っても過言ではないのである。

しかし、時代の無秩序に貢献しているのは、なにも中産階級ばかりではない。上流貴族階級も外面ばかり恰好よく装ってはいるものの、中身はからっぽ、贅沢三昧、道楽や狩猟に熱中するばかりの、アーノルドが命名するところでは「野蛮人ども」(Barbarians) で、教養にまったく関心を有しないという点では「フィリスタイン」と同罪である。では残された労働者などの下層階級、彼が「庶民」(Populace) と呼ぶ階層の連中はどうかと言えば、これもまた問題。彼らはむさ苦しい貧困から脱け出してようやく日の当たるところへ出てきたかと思ったら、もうブルジョワどもと同じように「やりたい放題のことをやる」という、イギリス人の天恵と思い込んでいる特権を、ほしいがまま享受しようとする。要するにあらゆる階級のものが、だれかれの区別なく、みんな勝手気ままに、自分たちの物質的欲望の追求に憂き身をやつしているのである。社会全体がこのように「やりたい放題」をしている、これがヴィクトリア朝社会の、アーノルドが「無秩序」と呼ぶありのままの混沌とした現実の姿なのである。

ではどのようにしてこのような俗物主義（フィリスティニズム）という現代病に対応したらよいのであろうか。それにはまず教養を摂取することしか方法はない。その理由について、彼は次のように言っている。

> 教養には、もうひとつの観点がある。その見方によれば、知的な存在には本来固有な学問的情熱や、あるがままにものを見たいという、単なる願望に基づいているものだけではなく、すべての隣人愛、行動、援助、慈善などといった衝動や、過ちを除去し、混乱を消去し、不幸を軽減しようとする欲望、世界を過去よりもより良く、より幸せなものにしようとする高邁な理想—そのような極めて社会的といえるような理想—が教養の領域の一部に存在しているということである。それゆえ、教養は好奇心に起源を有しているというよりも、むしろ完全性への愛に起源を有するもの、完全なものの研究と記述される方がより適切なのである。それは純粋な知識への学問的情熱を第一に優先する力によってだけではなく、善を行おうとする道徳的、社会的力によって動かされるものなのである。(V. 91. 傍点部分、原文イタリックス)

この引用で注目すべきは、好奇心によって発揚される教養の要素が、二義的なものに格下げされ、代わりに「完全なものの研究」が最上位に置かれ、それそのものが目的化されていることである。これは従来の主張の大幅な軌道修正と言わねばならないだろう。おそらく彼は社会の無秩序と混乱に歯止めをかけるためには、単に批評という知的作業だけでは駄目で、道徳や宗教を包括した総合的努力が必要であることを痛感したに違いない。彼が「理性と神の意思を広めるために」というモットーを本作品中で繰り返し用いているのも、そのせいだと思われる。そしてアーノルドの狙うところは、究極、既存の権威に替わる絶対的価値のものとして《教養》の概念をイデオロギー化し、これに至上権を与えることにあったのだから。

これまでも繰り返し述べてきたが、この時代の社会の無秩序と混乱の最大の原因は、結局拠るべき権威が不在であること、個人のためにも社会のためにも、その権威を再建することが急務であるということ、これは知識人誰しもに共通する思いだった。しかしこれまでアーノルドの強調してきた権威とは、(ニューマンのような) カトリック教会でも (カーライルが晩年信奉した) 過去の偉大な英雄たちでもないし、あるいは (ミルのような) 功利主義でもない、彼独自のもの、古典ギリシャとヘブライの昔から営々と築き上げられてきた人類の遺産、古典文化であった。たとえば、ギリシャ・ローマの古典文学、プラトン、アリストテレスなどの古代哲学、聖書に始まってダンテ、シェイクスピア等々の古典にこそ、われわれの依拠すべき権威が存在すると、彼は終始一貫主張したのである。

しかし、いたずらに古典を権威に祀っても、なぜそれが権威にふさわしいものなのか、それが明確に示されなければ、およそ説得力あるものとはならないだろう。そこで彼が取り出した（今流に言えば）コピー・ワードが「優雅さと光」（sweetness and light）という文句だった。精選された古典の理想には、完全なる「美しさ」だけでなく、とりわけこの「優雅さと光」があると言うのである。（この句のうちの “light” は英知・啓蒙の光で、これはさほど意味的に問題はないが、“sweetness” は実に訳しにくい言葉である。*OED* は、この成句の場合の “sweetness” に「精神や感情に快いもの、（気質などの）優雅さ」という定義を与えている。一応「優雅さ」と訳してはみたが、納得のゆく訳語ではない。）もとはジョナサン・スイフトの『本戦争』*The Battle of the Books*（1704）に由来しているそうだが、スイフトによれば、古典的な書物は、丁度ミツバチが花々を探し求めて集めてきた蜜と蝋（光の原料）のようなもので、この蜜と蝋を “sweetness and light” と呼んだとのこと。要するにアーノルドは、選りすぐられた古典には理性の光だけでなく、感覚や感情を魅了する味わいがあるということが言いたかったのだろう。その優美繊細な、言うならばコクのある味が、現代のようにとかく知に棹を差し過ぎて角が立つことを和らげる、時代のいわば緩衝材となり、「最良の自我」を形成することにつながると考えたのである。

以前にも言ったように、そもそも “culture” の原義は、「耕作」を意味するものである。つまり古典を読んで気長に「耕し」て、それの結実した滋味に富んだ「優雅さと光」を収穫すること、それが《教養》の本質であり、この教養を身につけた人材をあまねく社会に広めることが、いわゆる俗悪にして軽重浮薄な現代のペリシテ人たち、「フィリスタイン」どもの無秩序・無軌道を正し、混乱を極める社会に秩序と権威を回復する唯一の方法であると彼は説いたのである。

> それゆえ、完全さの追求は優雅さと光の追求である。優雅さに奉仕するものは結果的に光にも奉仕する。光に奉仕するものは結果的に優雅さにも奉仕する。しかし、優雅さと光に合わせて奉仕するものは、理性と神の意思を世に広めるために働くのである。機械や、憎しみに奉仕するものは、混乱に奉仕するだけである。教養は機械の先を見通す。教養は憎しみを憎む。教養はただひとつ偉大な情熱を有する。それは優雅さと光への情熱である。いや、それよりもさらに偉大な情熱を持っているのだ！それを世に広めようとする情熱である。教養はわれわれすべてが完全な人間になるまで満足することはない。未開拓、未燃焼の大衆が優美さと光に触れない限りは、小数のもののみの優雅さと光は不完全なものでしかない。〔……〕私は繰り返しこう主張してきた。国民全体の生活と思想に輝きがあるとき、社会全体が完全なまで思想で満たされ、美にさとく、聡明で活力があるとき、それは人類にとって何という幸せなときとなることか、一国民の生活にとっても何という画期的な時代となることか、文学その他の芸術や天才のあらゆる創造的能力にとって、何という花咲く時代となることか、と。(V, 112. 傍点部分、原文イタリックス)

この自信に満ち満ちた言葉！これこそが、彼が長年にわたって探し求めていた "culture" を凝縮させた形の《教養》というユートピアの神であった。「われわれの日常の自我では」と、彼はこうも言っている、「われわれは個人個人ばらばらで、互いに角突きあっている。だれも権力を持っていないときだけ、互いの横暴から安全でいられる。だがこの安全は無秩序からわれわれを救済することはできない。それゆえ、無秩序の危険が身に迫ったとき、どこを頼ってよいかわからないのである。だが最良の自我を身につけることによって、われわれは団結し、私心なく調和して生きられる。それこそがわれわれすべてが持ちうる最良の友であるゆえに、それに権威を与えたからといっていささかの危険に陥る怖れもない。無秩序の危険が迫れば、この権威に安んじてすがることができるのだから」(V, 134) と。

現代もまた同じような無秩序、軽薄の時代である。このような「教養」とか「最良の自我」とか大真面目で説くアーノルドを時代錯誤の夢想家と笑い飛ばす人たちは、少なからずいるに違いない。いや、きっといる。でも私に言わせれば、そんな人たちこそ、実は軽佻浮薄の「フィリスタイン」か「野蛮人」と呼ばれる立派な資格の持ち主である。またそのような人たちこそ、まさにヴィクトリア朝社会をさながら地で行くような現代日本の混沌を極める社会の真只中にいるにもかかわらず、その危機状態を感知できない人たちである。だから笑っていられるのだ。

(4) 《教養》から《文化》へ

アーノルドの『教養と無秩序』は、《教養》という概念の存在を、限られた一部エリート階級の領分から世間一般に解放したという意味で、“culture”の歴史に大きな貢献をした作品であることは間違いがない。彼の献身的キャンペーンがなかったならば、この言葉の一般への普及にはさらなる時間を要したことだったろう。

だがもうもうひとつ、『教養と無秩序』の果たした画期的貢献がある。それは、《教養》の概念と《文化》の概念をひとつの “culture” という言葉のなかに合体したことである。《教養》の概念の中に《文化》という新しい概念を取り込んだと言った方が、あるいはより正確かもしれない。

これも本書でしばしば参照する *OED* に拠るものだが、“culture” が《文化》の意味、すなわち「知的発達の特別の形式。また、一民族・国民のある発達段階における文明、習慣、芸術的業績」(“culture” 5, b) という意味で用いられた例は意外と新しく、1867 年が初出になっている。つまり『教養と無秩序』出版の二年前のこと。でもこれは必ずしも正確なものとは言えない。すでに本書第一章 (4, ii) で、ミルの「コウルリッジ」論を取り上げたとき、その概念の原型がそこに見出せることを指摘したが、アーノルドの 60 年代前半の評論にも《教養》と《文化》が混在する事例は多数見受けられる。しかしながら、先の引用で「国民全体の生活と思想に輝きがあるとき、社会全体が完全なまで思想で満たされ、美にさとく、聡明で活力があるとき、それは人類にとって何という幸せな時となることか、一国民の生活の何という画期的な時代となることか、文学その他の芸術や天才のあらゆる創造的能力にとって何という花咲く時代となることか」と詠嘆したとき、彼は明らか

に *OED* の定義にあるような、一国（民）の《文化》を念頭にその言葉を発している。しかもこの《文化》という概念は、彼の思考の文脈から見て《教養》の概念の延長線上に置かれていることは、容易に判断できることである。つまりアーノルドは、長い思考的進化の過程で、それがはっきりいつかは特定できないが、《文化》の概念を《教養》のいわば弁証法的発展の必然として把握するようになったということである。そして、『教養と無秩序』において、二つの一見異なる概念が、自然と《教養＝文化》という一語に包括されたものとなった。それが執筆時の彼の "culture" の概念なのであるとすれば、その翻訳のタイトルは、厳密には『教養＝文化と無秩序』となるべきであった。一語の中で概念の増幅作業が行われる。このように英語の "culture" は実に扱いにくい厄介な言葉なのである。

それがもっとも明快な形で提示されているふたつの重要な概念がある。これらはいずれも先に述べた「優雅さと光」に関係するものだが、ひとつは、古代ユダヤの旧約の時代からキリスト教文化に受け継がれ、なおも脈々と生き続けている、「行動に突き進もうとする活力、義務と自制心と労働を至上の責務とする感覚、われわれの持っている最上の光に従って雄々しく真剣に邁進しようとする情熱」を、もうひとつは、古代ギリシャからの思想的芸術的伝統を継承している、「最終的に正しい行動の基礎となるような観念に突き進もうとする英知、人間の発達に伴って変わりゆく観念を新たに組み替えようとする熱烈な感覚」（V, 163）を表現する精神である。これをもっとわかりやすく言えば、前者の究極の目標は「行動と服従」、「良心の厳格さ」であり、後者のそれは「あるがままにものを見ること」、「意識の自発的活動」と言うこと（同、165）。アーノルドは、このうちの前者を「ヘブライズム」（Hebraism）、後者を「ヘレニズム」（Hellenism）と呼び、ヨーロッパの精神文化の源流にすえた。彼の世界観によれば、このふたつの観念が、時代時代に勢力の消長を繰り返しながら、途絶えることなくつねに世界の動向を左右してきた世界文明の二大潮流なのである。これらの名称自体は古く、ルネサンスのころから使われていたようだが、これを "culture" の範疇に入れて現代文明の規範的尺度として使ったのは、アーノルドが初めてではないだろうか。彼が強調してやまなかったのは、一方が過度に優勢になることではなく、ともに協調し合って「人類の発展に貢献すること」であった。「優雅さと光」を体得し、一方に偏することなくヘブライズムとヘレニズムの伝統を現代文化に調和・融合させることのできるような包容力と寛容性を兼ね備えた教養人の育成、これこそが彼の理想とする「完全さの追求」の究極目標だったのである。

では、いったいなぜアーノルドはヘブライズムとヘレニズムの二大文明の精神の融合にそれほどこだわったのだろうか。その理由は、あのリベラル・アーツの巨城オックスフォドで彼が青春の貴重な一時期をヘレニズム文化の精髄に触れることができただけでなく、たまたまニューマンなどの宗教論争の渦中に置かれたことによって、ヘブライズムの息吹を浴びるという（あとで考えれば）僥倖に恵まれ、大学の知的、宗教的雰囲気―「土地の霊」―を思いのたけ吸収することができたからである。オックスフォドの風土が、彼をこのふたつの文化の恩恵に与らせてくれたのである。このふたつの精神の調和的発展なくしては、真の教養人たりえないことを、彼は長い試行錯誤の旅を経て、ようやく実感できるようになったのである。

オックスフォド、過去のオックスフォドは、多くの欠点を有している。そしてその欠点ゆえに、敗北し、孤立し、現代世界の支持を得られず、高価な代償を支払ってきた。だがわれわれオックスフォドにあって、その美しい場所の美と優雅さのなかに育ったものは、ひとつの真実を把握せずにはいなかった。すなわち、美と優雅さは完全な人間的完成に欠かすことのできない性質のものであるという真実である。私がこれを主張するとき、私は依然としてオックスフォドを信仰し、その伝統のなかに生きているということである。大胆に言うならば、この美と優雅さを愛する感情が、醜きもの粗悪なものを憎む感情が、われわれが敗北した大義名分に愛着し、勝ち誇る運動に反抗する姿勢のどこか背後にあったのである。そして、そのような感情は真実のものであり、完全に敗北したことはけっしてなかったし、敗北してもその力を発揮してきたのだった。われわれは政治闘争に勝利したことはなかった。主要な目的を完遂することもなかった。敵軍の進撃を阻止することもな

> かった。現代世界との戦いに勝利して凱旋したこともなかった。しかし、われわれは国の精神に暗黙裡に語りかけ、敵軍が戦況有利に思えるときに、その地歩を弱めるように感情の流路を用意し、未来との意思疎通を持続してきたのである。(V, 106-7)

時流に与することなく、つねに伝統に生き、美と優雅さと光を追求して教養の涵養に努めること、そのような土壌がオックスフォドであり、そのような大学こそが、アーノルドの考えでは、フィリスタインの横行する無秩序な世間の動向に歯止めをかける教養豊かな人材を育成する場として真の文化的発信地としての存在理由と価値を有しているのである。

アーノルドは『教養と無秩序』を発表して後も、宗教（ヘブライズム）と人文学（ヘレニズム）の調和と融合を合言葉に、著述と講演を媒体にひたすら彼の思想の宣教活動をつづけた。これまで見てきたように、彼が権威として掲げた "culture" そのものは、ヒューマニスティックな色彩の極めて強いものである。それだけに、ニューマンのようなカトリック教会という確たる基盤に根差したものでなく、拠って立つ基盤が脆弱だったことは否めない。にもかかわらず、アーノルドの主張は今日のような宗教心希薄な世界では、逆に説得力を発揮する面も多いのではなかろうか。教養の価値を再認識して、われわれの周辺から失われつつある美と優雅さと光への関心をいかにして復活するか、彼の《教養》へのひたむきな信仰心が《文化》への関心を呼び覚まし、私たちの見失いつつある光明を復活させる、かけがえのない指針となるのではないだろうか。

第六章　《文化》とはなにか―論争の始まり

（1）　T. H. ハックスリー登場

だが時代の流れはアーノルドの思い描いたようにはならなかった。科学勢力は着々と基盤を固め、伝統主義の牙城に迫りつつあったのである。

その先鋒を担ったのがハックスリー Thomas Henry Huxley（1825-95）である。彼はロンドン大学のような新大学が創設の段階から求めていた、まさに建学の申し子とでも言うべき理想の人材であった。「開かれた」大学の出現は、新しいタレントの誕生の呼び水となるものである。彼の生まれ育った環境が当時パブリック・スクールに学んだ中の上クラス以上の階級の出自ではなく、彼の短い「自伝」"Autobiography" の中でたった一言、父親が「セミ・パブリック・スクール」、具体的にはよくわからないが、準公立の学校教師であったという言葉（*Selected Essays*, 4）で済ませているように、せいぜい中産階級の中の中クラスの出自ではなかったかと思われる。（ちなみに、この階級的出自の問題は、イギリスの《文化》の歴史的発展を考察する際に、今後極めて重要なテーマとなってゆく。イギリスは伝統的に階級制度の根強い国なのである。）また、この点も彼自身あまり公言することを好まなかったようだが、ごく短い期間を除いて、ろくな小・中学校教育は受けておらず、ほとんどが独学であった。幸いに父親が教師だったこともあって、家に小さい書斎を持っていて、書庫にある父のほとんどの書物を 13，4 歳のまでに読破していたという大変読書好きの少年だったようだ。彼が読んだ本のなかには彼の好きな科学系統の書籍ばかりでなく、デイヴィッド・ヒュームのような哲学者や、レッシング、ゲーテ、カーライルのような文学者など人文学系の本も多く含まれ、それらを計画的にほぼ原書のままで読破していたと言うから、並みの才能の少年ではなかったことは確かである。

16 歳のとき、彼はロンドン、イースト・エンドの義兄の医師のところに弟子入りをして、本格的に医学の勉強を始め、その翌年（1842 年）には、チャリング・クロス病院付属医科大学（1911 年、ロンドン大学に正式に合併）の奨学生として入学を果たす。この病院と付属の医学校はその発足時より姉妹提携関係にあり、その結びつきで彼は三年後の1845年に、20歳の若さで、ロンドン大学の医学士の称号と、解剖学と生理学の金メダルというおまけつきでめでたく卒業する。このように幸運も味方につけて、今日では信じがたいような伝説的な快挙をやってのけた男、それが若き日のハックスリーだったのである。

しかし、私がここで彼の異色な学歴について多少詳しく語ったのは、彼の秀才ぶりをことさらに吹聴するためではもちろんない。もしロンドン大学のような開かれた大学がその時までに生まれていなかったならば、いや、その設立が十年遅れていたならば、彼のような優れた才能が開花しないままに埋もれてしまったであろうということは、十分ありうるということを言いたかったのである。彼のように理科系の優れた頭脳をもった少年が、家庭的に十分な資金的余裕がなくても、その才能を十全に発揮できるような環境は、正直言って当時のオックスブリッジにはなかった。

このことは、彼とのちに義兄弟のように強い盟約で結ばれることになるチャールズ・ダーウィン Charles Darwin（1809-82）の学歴とを比較すれば、一目瞭然である。このやがて進化論の王者となる運命の男は、ハックスリーとは16歳違いだが、若いころ、彼にふさわしい教育の場を得られないままに、どれだけ苦労をしたことか。

ダーウィンについてはその経歴について今更語るまでもないからここでは割愛する。（なお拙著『歴史を〈読む〉―ヴィクトリア朝の思想と文化―』第五講（英宝社、2005）の中で彼の伝記について語っているのでそれを参照していただきたい。多少の参考になるかもしれない。）

ダーウィンの出自は、ハックスリーとは比べものにならないくらいに恵まれた環境であった。親の意に逆らうことなく、その勧めに従って、牧師になろうとケンブリッジ大学に進学はしたものの、結局、さらに二年間をそこで無為に過ごしてしまうことになる。

これが彼に幸いした。彼は親からもらった潤沢な援助資金のおかげで、大学のカリキュラムに拠らず、自分の好む博物学の研究に没頭することで、大学生活を生き延びたのである。皮肉な言い方をすれば、ケンブリッジには彼のような異色な学生を抱懐できる懐の深さがあったということである。

このダーウィンの悠々自適、いかにもお金持ちのお坊ちゃま風の生き方に比べると、ハックスリーの生き様はまことに対照的、忙(せわ)しないものだった。まずは生きるために金を稼がなければならなかった。彼はそのために（ダーウィンの顰(ひそみ)に倣ったかどうかはわからないが）1846年准船医として軍艦ラトルスネイク（「ガラガラヘビ」！）号に乗り込み、4年間東南アジア海上を往来し、その間本業はもっぱら後回しにして、大好きな博物学の研究に没頭し、無脊椎動物についての数々の研究論文を発表し続ける。そして、51年には早くもイギリスでもっとも権威のある自然科学振興のための学術団体「王立協会」（Royal Society）の研究員(フェロウ)に選出され、57年には母校の生理学と比較解剖学審査官、同じロンドンにある王立研究所（Royal Institution）の比較解剖学教授と、学界における栄達の階段を次々に上っていった。30代の若さでこのスピード出世は、当時としても異例だったと言われている。

しかし、こうした一連の自然科学の研究業績もさることながら、ハックスリーの名前を一躍世間的に有名にしたのは、何と言っても1860年夏、オックスフォドで開催された「科学進歩促進協会」（BAAS）の年次総会であろう。彼がダーウィンの知遇を得たのは、50年代の始めのこと。以後この先輩の博物学者の学問上のかけがえのない相談相手となり、やがてはダーウィンの自然淘汰の学説の布教のために、生涯かけて戦う宿命の間柄となってゆくのだが、その彼が、当時イギリス国教会の保守主義を代表する論客として名高い、オックスフォド主教サミュエル・ウィルバフォース Samuel Wilberforce（1805-73）と、公開の席上でダーウィンの『種の起源』*The Origin of Species*（1859）に関して打々(ちょうちょう)発止と交わした討論が、宗教と科学の一騎打ちとして、のちのちの歴史に長くその名を留めることになるのである。

このときはすでにダーウィンが、問題の書『種の起源』を発表して半年余りが経ち、その話題が専門の科学者だけでなく、一般市民の間で持ちきりになっている時であった。そして、BAASの動物学会部門が、オックスフォド大学科学博物館で、この話題の本をテーマにした研究発表と討論の場を設営したのである。人前に出ることを好まぬダーウィンは、このときも理由をつけて欠席をしたが、彼の著作に関しての研究発表があるという噂が大評判を呼び、会場は満席となった。満員の聴衆の注目する中で、いつしか議論は発表者をそっちのけにして、国教会を代表するウィルバフォースと、自らをダーウィンの使徒と任じているハックスリーとの一騎打ちの様相を呈するようになってゆく。ウィルバフォースは、自他共に認める反ダーウィン派の旗頭であった。彼はかつての恩師ニューマンのもとで、オックスフォド運動盛んなころ鍛え上げた鋭い論理の使い手で、国教会切っての演説の名手である。おそらく手ぐすねを引いてこの時の来るのを待っていたのだろう。壇上に上ると早速言葉巧みにダーウィンとハックスリーを愚弄しつづけた。そのクライマックスは、聴衆に人間の先祖が動物であると思うかどうか、誘導するように問いかけた上で、最後にハックスリーに向かって、皮肉交じりに「ところで君の類人猿の先祖は父方かね、それとも母方かね」と尋ねた時にやってきた。当時は人間の先祖が猿ではないかという考え方が、かなり巷間に流布しており、ダーウィンはその噂の元凶と目されていた。おそらくウィルバフォースにしてみれば、このジョークで相手に止めを刺したと思ったことであろう。

これを受けてハックスリーは敢然と立ち上がった。のちに天下に轟くものとなる論争家の本能が、この挑戦を受けて激しく燃え上がったのであろう。彼は壇上に駆け上がると、「繰り返して言いますが、私には祖父が類人猿であることを恥ずかしがる理由はありません。私に恥ずかしい先祖がいるとすれば、〔……〕自分の活動範囲内での成功では満足できず、何にも知らない科学の問題に首を突っ込み、当てずっぽうなレトリックで問題を曖昧にし、聴衆の注意を真の問題点から言葉巧みにそらし、人々の宗教的偏見を煽ろうとする、むしろそんな人物でありましょう」と、鮮やかに返り討ちを浴びせたという。これは宗教対科学の論争として歴史に残る有名なエピソードである。(ただしこれは、のちの高名な歴史家J. R. グリーンが、オックスフォドの学生だった当時たまたまこの会場に出席していて、その場で速記メモをしたものだそうで、その点で多少、その正確性には疑問が残るが)相手は当時国教会を代表する主教である。そのような貴賓に対し、こんな過激な言辞を、しかも面前で呈することは儀礼上許されることではなかった。満場は騒然となり、激昂して失神するものも現れたとか。(以上、Himmelfarb, 13-14 章参照) ハックスリーのパンチがいかに痛烈なものだったか、想像できるであろう。いずれにしても、これがハックスリーの(悪)名を一気に天下に轟かせるきっかけとなった、いわく因縁つきのエピソードである。

(2) ハックスリーからアーノルドへ

話題がずいぶんと飛んだように思われるかもしれないが、けっしてそうではない。これまで延々と宗教と科学の角逐について語ってきたが、本題に行き着くためには、ハックスリーが私たちの《文化》の歴史に登場する背景的説明が、どうしても必要に思えたからである。前章から科学勢力の生長の歴史について語ってきたが、これも彼を代表とする新興勢力がいかばかりイギリスの社会に根をおろすようになっていたか、彼のオックスフォド科学博物館での傍若無人の言動は、まさしくその勢いを証明するものであった。イギリス宗教界の頂点に立つ聖職者に臆することなく堂々の戦いを挑んだ新進気鋭の科学者―当時彼はまだ35歳の、相手から見れば父子ぐらいの年の差のある若僧だった―は、オックスブリッジからはけっして生まれてこなかったであろうし、またかりにオックスブリッジの出身者であるならば、いかに闘争心旺盛とはいえ、公開の場で大先輩にあえて露骨に論争を挑むようなことは、イギリス紳士の本分に悖る行為として厳に慎んだことであろう。はっきり言えることは、ハックスリーがこうした伝統に無縁の新しい大学から巣立った、まったく新しいタイプの科学者だったということ、そして彼の拠って立つ科学の基盤が、それだけ強固なものとなりつつあったということを、改めて世間に認識させたことである。

ただ彼の生涯の特筆すべきところは、自らの学問研究に専念することを好まず、啓蒙家として生きる道を選んだことにある。彼は小「自伝」の結びのところでこのように言っている。彼がこれまで目指してきたことは、「私の能力の及ぶ限りを尽くして、〔……〕人生のあらゆる問題に科学的調査方法を適用するよう支援すること」であり、「このような志を懐いて、〔……〕科学の普及、科学的学問の発達と組織化、絶え間のない進化にまつわる論争・小競り合い、〔……〕宗派を問わずに存在している科学の宿敵、越権的な宗教勢力に対するたゆみなき抵抗に、すべて捧げてきたのである」（*Selected Essays*, 14‐15）と。そして、この言葉通り、彼の後半生はダーウィニズムの知識の啓蒙・普及と、学校や大学における科学教育の必要性を説いて回る教宣活動にすべて捧げられたのであった。

この目的を貫徹するため、彼は数多くの進化論入門書や科学的啓蒙書を執筆するかたわら、機会あるごとに各地を講演して回った。例のケンブリッジの公開論争で発揮された彼の弁舌は衰えるどころか、ますます冴え渡り、いたるところで引っ張りだこの人気だったのである。とりわけ彼が講演で力説したことは、大学におけるリベラル・アーツのあり方であった。その学問的背景を考えれば、彼の批判の矢が現行の人文学偏重の教育に向けられるのは、これは当然だったろう。ただ、根が論争的な性格なので、どうしてもテーマそのものが挑発的な内容のものになりがちだった。そして、いずれはその矛先が、教養主義の元祖・家元のアーノルドに向けられることになるのは、どうしても避けられないことであった。

論争のきっかけとなったのは、ハックスリーが1880年10月、バーミンガムの「サー・ジョザイア・メイソン科学院」“Sir Josiah Mason Science Institute”（のちにバーミンガム大学に吸収合併）の開学記念に行った「科学と文化」“Science and Literature”と題する講演である。ここの設立者メイソン（1795-1881）という人物は、起業家として大成功を収めた代表的な「たたき上げ（セルフメイド・マン）」で、その有り余る資産の一部を投じて、科学者の養成のための大学を設立したのだったが、ただその際、政治・神学、そして「単なる文学的な教育指導」は一切行わないことをうたい文句に掲げていた。おそらくこの制限条項は、ハックスリーから見れば、必ずしも歓迎すべきものではなかったであろう。そこで彼はこう切り出した。「私はサー・ジョザイア・メイソンが、いかなる理由でこうした行動に至ったかは存じません。ただ、もし私が理解するように、学校・大学の通常の古典の課程を指して「単なる文学的な教育指導」と言われたのであれば、サー・ジョザイアの行動を支持する理由を、いくつか提出できることでありましょう」と、一応相手を立てておいて、こうつづけた。

> というのは、私には二つの確信を強く心に懐いているのです。第一のことは、古典教育の学習も主題のいずれも、理科系の学生が貴重な時間を費やすだけの直接的価値がないということ。第二のことは、真の《教養》を獲得するためには、徹底した科学教育は、徹底した文学教育と少なくとも同程度に、効果的であるということです。
>
> 改めて申し上げることもないでしょうが、こうした意見、とりわけ後者は、大多数の教育あるイギリス人たちからの―と言うのは、学校や大学の伝統の影響を受けていますから―真っ向からの抵抗に遭うことでしょう。彼らの信ずるところでは、《教養》は一般教養（リベラル・エデュケイション）科目によってのみ獲得できるものであり、この一般教養科目は、単に文学の学習・教育と同義であるだけでなく、ある特定の文学形式、すなわちギリシャ・ローマの古典と同義なのです。彼らにとっては、ラテン語・ギリシャ語をほんの少しでも学んだ人は教養ある人であり、他の知識分野に造詣ある人は、どんなに深く学んでいても、多少は尊敬される専門家とはなれましょうが、教養者としての階層（カースト）には入れてもらえません。教養人の勲章である学位は彼のものではないのです。（*Collected Essays*, III, 141-42.《　》引用者入れ）

ハックスリーのこの主張がけっして誇張ではないことは、これまでわれわれが辿ってきた歴史的経緯を見れば明らかであろう。彼にしてみれば、この合理主義と実用性を優先する時代においては、真の《教養》というものは、「文学的教養」がすべてではなく、「科学的教養」とのバランスの上に成立するものでなければならないと、婉曲な形で招待側の科学偏重のカリキュラムに一本釘を刺したうえで、改めて科学教育の重要性を訴えかけたのである。このように十分に前置きを尽くした上で、いよいよ、彼は真の《教養》とはなにか、教養論の本家アーノルドを名指しにして、批判の一矢を放ったのである。

アーノルド氏は「《教養》の意味は、この世で言われ考えられてきた最上のことを知ることだ」とおっしゃる。それが文学に込められた人生批評だと言うのです。〔以下アーノルド「現代における批評の機能」結論部からの引用がしばらく続いたあと〕

私たちはここで二つの異なる命題を扱わなければなりません。第一は、人生批評は《教養》の真髄であるということ、第二は、文学はこのような批評を構築するのに十分な材料を含んでいるということです。

私たちはこの第一の命題にすべて同意しなくてはならないと思います。なぜならば、《教養》が科学や工芸とはまったく違ったものを意味していることは、間違いないからです。それは理想の収得と、ものの価値を理論的基準に照らして批評的に評価する習慣を内包する概念です。完全な《教養》は、その可能性と限界を等しく明確にわきまえ、その上に完全な人生論を提供するはずです。

しかし、これにはまったく賛成しても、文学だけがこのような知識を提供する資格があるという前提には強く反対します。ギリシャ、ラテン、東洋の古典が考え語っていることのすべて、そして近代文学が語ろうとするすべてを学んだあとで、私たちが、果たして《教養》を構成している人生批評のための、広く深い基礎を十分に敷けたかどうか、自明ではないからです。

実際、物理科学の領域を知る人なら、だれでもこれは明確でないと言うでしょう。「知的、精神的領域」の進歩ばかりを考えて、彼らの共通の装備品を自然科学の倉庫からなにも引き出さないのであれば、国家も個人も本当に進歩すると認めることは、私にはとてもできそうにありません。（同、VIII. 142-43.）

ここでハックスリーにいつもの毒舌の冴えが見られないのは、二人はもともと親しい友人同士ということで、多少相手への気兼ねをしたせいもあったのかもしれない。ただ彼らの間には、《教養》そのものの定義に、さほどの異同がなかったという点も見逃せない。

そもそもハックスリーは、こと宗教、とくに国教会に対しては異常なほどの敵愾心をむき出しにする男であったが、文学に関しては意外なほど寛大で包容力のある精神の持ち主だった。あるいは少年時代に、父の書斎から多くの思想・文学書を持ち出して乱読したことが彼の許容度を高め、それがアーノルドとの交遊関係の支えとなっていたのかも知れない。これより十数年も前の講演「一般教養科目（リベラル・エデュケイション）」“Liberal Education”（1868）の中で、「私が真剣かつ啓蒙的な古典の学問研究を貶（おとし）めるなんて、期待しないでいただきたい。私はこうした仕事にケチをつけようなどといささかも思っていませんし、この仕事を軽蔑する人に何の共感を抱くものではありません。反対に、もし私の機会がその方面にあったならば、古代の研究以上に喜び勇んで身を投じた研究は存在しないでありましょう」（同、III, 97）。彼に言わせれば、言語学だってそうだろう。古生物学だってそうだろう。同じ古代研究の範疇ではないか。また文学については特にこうも言っている。「文学は洗練された喜びの最上の源であります。そして、一般教養科目の最大の効用は、この喜びを楽しむことを可能にすることなのです」（同、109）と。このように、これはアーノルドも同様だが、《教養》という言葉にある種幅を持たせて、それを「文学を中心にした教養全般」の意味に用いていたことである。アーノルドを取り上げたさい見たように、この時代特有のいわば固定観念とでも言えるものがあって、少なくともその点—「文学中心の教養全般」—に関しては、双方に意味の紛れを生む素地は少なかったのである。

しかし、その点を差し引いても、ここでハックスリーが指摘していることは的確に的を射ていた。従来の古典中心の文学一辺倒の《教養》の概念が、もはや時代のニーズに対応できないこと、教育の場における科学知識の注入が不可欠であるという認識である。実際にロンドン大学も、今回の講演の会場となったメイソン科学院も、そうした社会的ニーズから生み出された教育機関（インスティテュート）であるということが、なによりもそれの証明であった。

(3)　アーノルドからハックスリーへ

こうした一連の発言が、アーノルドを直接批判するものであることは、彼の名前と作品の引用をしている以上、聴衆にははっきり伝わったことであろう。さらに、さきの引用にあった「人生批評」“criticism of life” というフレーズは、1860 年代からアーノルドが繰り返し用いて、“culture” と同様、彼のいわばブランド・コピーでもあった。これは前章でも指摘しておいたことだが、(第五章 (2)「古典回帰と人生批評」の項参照)、ここで用いられている「批評」という言葉は、今日のそれとは違ってギリシャ語の原義、すなわち、「鑑別し、判断する能力」を意味するものであること、つまりここで言う「人生批評」とは、「人生を正しく判断する能力」と言うような響きをもつ言葉だということである。アーノルドを知る人であれば、「人生批評」という言葉を聞いたとき、それが彼の愛用の言い回しであることを、それとなく感じ取っていたであろう。

さらに、当時の知識人なら、この「人生批評」のための中心的役割を担っていることも前章で述べた通り、ギリシャ、ラテンに始まる西洋古典文学の知識の涵養にあるということ、この知識の涵養こそが、彼のいわゆる《教養》の中核となるものであることも、ある程度は認識していたことであろう。この精神の涵養の必要性も、1860 年代、彼が繰り返し訴え続けていたことだったし、“culture” という言葉をヴィクトリア朝の代表的常套句(クリシェ)として世の中に定着させた最大の功労者は、アーノルドにほかならなかったからである。

このようなわけで、ハックスリーの批判はすぐさまアーノルド本人に伝わった。彼も論争好きという点では、ハックスリーにいささかも見劣りすることのないつわものだったから、本来なら、早速ここで激しい論争の火蓋が切られたとしてもおかしくはなかったのだろうが、容易に彼は立ち上がろうとしなかった。ひとつの理由は、先にも言ったように、二人はもともと仲のよい間柄で、互いの立場をあるところまで理解し合っていたことである。

しかし、そうかと言って黙って引き下がるほどアーノルドはやわな男ではない。その間も反論の機会をじっとうかがっていたに違いない。やがて彼の期待通り、そんな世間の注目を惹く絶好の機会がやってきた。ハックスリーの講演の 2 年後、1882 年 6 月、ケンブリッジで催される「リード講演会」(Rede Lecture) に招かれたことである。この講演会は、16 世紀ロバート・リードがケンブリッジに創設したもので、時代を代表する科学者、文学者を招いて、年に一度開催される大変に権威のある、世間の耳目を引くにふさわしい格式高い講演会であった。ちなみに、なにか因縁めいた話だが、この場所も名称も同じこの「リード講演会」が、80年後、イギリスだけでなく世界中の文化人、ジャーナリストたちを、10年にわたって激しい文化論争の渦に巻き込むきっかけとなる、C. P. スノウの「ふたつの文化と科学革命」（1959年）と題する講演の行われる場所となるのである。（第八章（2）「スノウの講演」において詳述）。

アーノルドがそのとき選んだ演題は「文学と科学」“Literature and Science”。なにか題名の付け方にもハックスリーとの違いをことさらに意識した跡が見てとれるのである。彼に言わせれば､そもそも《教養》と《科学》は対比さるべき概念ではない。文学と同様に、《教養》に包括されるべき概念であることを、題名にそれとなく匂わせたのではないだろうか。

その講演のなかで、アーノルドはハックスリーが批判の俎上に載せた「現代における批評の機能」（1864）のなかの一節を改めて引用しながら、まずは持論の再確認に取りかかる。

> 皆さんのなかには、私のこんな言葉をご記憶の方もおられるかもしれません。散々批判の的に晒されてきましたから。「われわれが《教養》という場合、その目的がおのれ自身を知ること、世界を知ることにあるのだから、その目的に到達する手段として、この世で考えられ言われてきた最上のことを知らなくてはならないという意味で用いている」と。一人の優れた作家であり、議論にかけてはまさにプリンスと言ってよい科学者―ハックスリー教授―が、バーミンガムのメイソン科学院開設の際の講演で、この私の言葉をつかまえ、さらにそれを拡大引用してこう申されました。（Arnold, III, 56.　傍点部分原文イタリックス）

と、先のハックスリーの「批評の機能」批判の要諦を改めて紹介した。つまり「文学だけがこのような知識を提供する資格があるという前提」、つまり古典が語っていることのすべてを学んでも、果たして肝心の《教養》を身につけることができるかどうか、その保証はないという部分である。そのハックスリーの批判にアーノルドはこのように答えるのである。

ギリシャやローマの古典を知ることの必要性を語るとき、私はギリシャ語、ラテン語の語彙、文法、作家についての知識以上のものを意味しているのです。私の言わんとするところは、ギリシャ人、ローマ人の生活とその精神について、その真の姿と、世界で果たしてきた功績について知ること、彼らからなにが得られるか、またその価値はどのようなものかを知ることです。これが少なくとも理想とするものなのです。そして、私たちがギリシャやローマの古典を知る努力をするように語る時には、たとえその実現には至らなくても、その理想を叶えるため、それらの古典を知ろうと努力することを意味しているのです。*（同、58-59）

（＊これは私たちにとって、実に貴重な傾聴に値する言葉である。なぜ傾聴に値するのか。それは語学勉強の重要な部分は、このアーノルドの言葉に尽くされているように思えるからである。外国語を学ぶのは、単に流暢に言葉を操るためだけではない、彼の言うように、その国の文化についてより良く、より深く知るためではないだろうか。現在の外国語教育は、この大切なことを忘れて、上っ面の小手先芸に走っているのではないだろうか。）

さらにアーノルドはつづけてこう主張する。彼が古典と言うとき、なにも文学の古典だけを意味しているのではなく、また文学というとき、なにも純文学に限って使っているわけではいないと。そもそも英語の“literature”は、もとはラテン語で広く「書物」全般を包括する意味を有していた。このように広義に解釈をすれば、ユークリッドの幾何学も、ガリレオの天文学も、ニュートンの『物理学原理』も、ダーウィンの『種の起源』も、すべて「この世の中で考えられ言われてきた最善のもの」の範疇に含まれるのであって、ハックスリーと彼との間に異論の生じる余地はないと言うのである。

確かにアーノルドの言うように、“literature”という言葉は、現在でもその意味で広く印刷物全般に用いられることがある。しかし、現代のような新しい知識が絶えず流入してくる時代に、物理学から近・現代文学のすべてを教養として取り込むなどという離れ業が、超人ならいざ知らず、果たして実際に人間の能力をもってして可能かどうか、そもそもそれが問題である。それが容易でないゆえに、いやその断層がますます広がりつつあるがゆえに、100年近い年月を経ても、なお文化論争の火種が尽きないのである。アーノルドとて、近代化とともに学問の専門化が進み、互いの領域について理解を分かち合うことが、ますます困難になりつつあることを、知らないわけはなかったであろう。

おそらくアーノルドはハックスリーの主張に一理あることを認め、いや、認めざるを得なくなって、従来の軌道を修正し、自らの《教養》の範囲を拡大解釈しようとしたのではないだろうか。これまでのアーノルドの《教養》は、少なくともギリシャ・ラテン、そしてルネサンス期までの古典文学の受容を最大目的としたものであった。しかし、伝統的文化擁護派のリーダーを自認する彼が、老境に入った今、彼の聖域とする文学的伝統の砦周辺にひたひたと迫りくる科学的知識の包囲網を前に、このような妥協を迫られるということ、これは彼の長年の《教養》信仰にとって、言い知れぬ屈辱感と、将来への不安感を抱かしめるものであったことは、否定できないであろう。古典の世界が、もはやかつての時代のような安定した地位を保持できなくなりつつあることを、ひしひしと感じていたのではないか。

それでも彼はハックスリーの挑戦に対し、最後まで気丈に振舞おうとする。

私たちは皆こぞって教育手段として文学の方に利があるか、自然科学に利があるかなどという不愉快な比較は、できるかぎり避けるようにしなければいけません。しかし、どこかの工学部の部長がそんな比較にこだわって、「自然科学の代りに文学や歴史を学んだ連中は、役立たずの損な選択をしたのだ」と言い張るようなときには、その学部長にこう答えてやろうではありませんか。文学部の学生だけが、少なくとも、現代物理学によって導入された全体的概念もあわせて理解するであろうと。というのは、ハックスリー教授が言うように、科学はそういう概念を私たちすべてに強要するものだからです。しかし、自然科学だけを研究している学生は、私たちの仮説では、文学のことは何にも知りません。〔……〕そしてその結果、多分彼らは不満足でしょうし、いずれにしても〔彼らの獲得した知識は〕不完全なも

の、文学だけを研究している学生より、さらに不完全なものになるでありましょう。（同、69）

これはある意味でアーノルドの強がりと受け取れなくもないだろう。実際に十九世紀も末に近づくにつれて、文学、とくに古典文学は、執拗な科学の攻撃を前にして明らかに劣勢に立たされるような状況になっていたからである。しかし、二人にとって幸いだったことは、この論争が軽いジャブの応酬程度で終息したことである。彼らには《教養》という伝統的な概念の大枠のなかで論じようという暗黙の了解が前提にあった。ハックスリーはけっして偏狭な科学万能主義者ではなかった。彼もまた文学・美術・音楽を等しく愛する教養人だった。科学漬けの生活を送っているようでいても、彼の周辺には絶えることなく芸術の雰囲気が息づいていた。それがヴィクトリア朝の教養人であった。二十世紀前半を代表する知性、生物学者ジュリアン・ハックスリーと文学者オールダス・ハックスリーの兄弟は、きっとこの祖父の優れた DNA を仲良く二つに分け合って生まれてきたのに違いない。

しかし、アーノルドはあえてこの講演をこのような楽天的な言葉で締めくくっている。これはおそらく会場に集った大多数の文学関係者への励ましであり、はなむけの言葉ではなかったろうか。

真実を申しますと、私は文学が、現在文部当局からの総攻撃に晒されていても、現実には教育の主要な座から追い出されてしまう危険は、さほど大きくはないと思っています。なぜなら人間性が変わらない限り、その魅力は抗（あらが）い難いものだからです。ギリシャ文学と同様、それは文学全般についても言えることでしょう。やがて、より合理主義的な研究がまかり通る時がやってくるでしょう。でも―私たちはそう希望いたしましょう―その地位を失うことはないということを。なにか問題が起きるとすれば、それはむしろ教育に文学以外のさまざまな事柄、余りに多くの事柄がどっと流れ込んでくることでしょう。おそらく不安と混乱と迷走の一時期があるかも知れません。しかし、文学はその指導的地位を失うことはないでしょう。かりに一時期それを失うことはあっても、ふたたびそれを取り戻すことでしょう。

（同、71）

この言葉は、彼の文学に寄せる終生変わることのない熱い思いを吐露したものである。十九世紀も終わりに近づくころには、科学の進歩は伝統文化の領域を侵害し、大学の教養主義の砦に向けて着々と攻撃準備を進めていた。十九世紀後半以降、社会のニーズに応えて、従来のリベラル・アーツ一辺倒のカリキュラムにこだわらない、実学的な教育に重点を置いたいわゆる「赤れんが大学」（Redbricks）が次々に新設され、1880年代以降になると、工芸専門学校（Polytechniques）が国内至るところに設立され、人文と科学文化の分裂はますます顕在化しつつあった。それと同時に、この現象を深刻に憂うる憂国の人士の数も、着実にその数を増しつつあったのである。アーノルドの講演のこの結びの言葉は、こうした会場に集った有志へのはなむけの言葉であるだけでなく、後世への遺言としても読めるものである。彼のこの遺言は、文学の衰退と、文学部解体という未曾有の危機に見舞われ苦悩している日本、いや世界中の文学愛好家たちを、なによりも勇気づけるメッセージとなるものではないだろうか。

第七章　T.S.エリオットの文化論

(1)　第一次世界大戦前後

時代は大きく変転しつつあった。十九世紀の偉大な警世の社会思想家ジョン・ラスキン John Ruskin（1819-1900）は、彼の最後の講演「十九世紀の嵐雲」"Storm Cloud in the Nineteenth Century"（1884）で、自分の昔の日記の一節を引用しながら、このような不吉な予言をしたことがあった。かつてイギリスの天気には二種類しかなかった。天気の良い日は澄み渡り、悪い日はどうしようもない悪天候だった。それが 1870 年代のころから、「雨雲ではない、乾いた黒いベール状の」奇妙な黒雲が晴れた空に広がることが多くなった。「部分的にはそれが有毒ガスでできているように見える。〔……〕普通の煙突の煙なら、あのように狂おしくあちこちに吹きまわったりはしない。私にはそれがまるで死人の魂でできているように見えるのだ」（31-33）と。おそらくこの正体は今日で言うスモッグなのであろうが、ラスキンの晩年を苦しめた終末論的意識には、それが迫りくる恐ろしい暗黒世界の予兆のように思えたのであろう。

確かにヨーロッパ文明は二十世紀が近づくにつれて、かつて十九世紀後半に人々の心に忍び込んできたあの名状しがたい不安感（*Angst*）が、だんだんとはっきりとした形となって人々の心理に影を落とすようになっていった。いわゆる「世紀末」と呼ばれる社会現象である。人々の中にはそんな不安から逃れようとするかのように、利那的快楽に溺れるものもあれば、過激な愛国主義（jingoism）の波に乗って海外の植民地へ、帝国主義の尖兵となって走るものも現れた。これまでのヴィクトリア朝を支配していた堅苦しい道徳律に抵抗して、異端的、反抗的ないわゆる「世紀末芸術」が急速に開花したのもこの時代だった。オスカー・ワイルド Oscar Wilde（1854-1900）の耽美主義的文学や、オーブリー・ビアズリー Aubrey Beardsley（1872-98）のグロテスクでエロティックな絵画などは、そうした社会のなかに鬱積しているさまざまな不安感から生まれてきた、怪しくも美しい突然変異的あだ花だったと、そしてコンラッド Joseph Conrad（1857-1924）の『闇の奥』*Heart of Darkness*（1900）のクルツの死の間際の恐怖の絶叫も、そうした社会に漂っている暗い負の意識を表象化しものだったと言えるのかもしれない。

それらのつぶやき声や叫び声は、西洋がこれまで営々と築き上げてきた文明が、あるとき気がつけば、袋小路にはまり込んでしまって、どうにもならずに助けを求めてあげる悲鳴とも受け取れるようなものだった。一体 、これまで西洋文明がその英知をかけて追い求めてきた《教養》や《文化》は何だったのか。いったい、どこへ行ってしまったのだろう。あのアーノルドが賛美してやまなかった光輝く《教養》の世界、「優美さと光」は、迫りくる世紀末の暗雲にのみ込まれて、いつの間にかどこか闇の中に消えてしまった。そして、二十世紀に入り、間もなくしてこの不安は現実の姿のものとなってやってきた。

ヨーロッパを第一次世界大戦（1914-18）という人類がかつて経験したことのない未曾有の大惨禍が襲ったのである。大量殺戮兵器の登場で、ロシアを含めヨーロッパ大陸だけでも一千万人以上とも言われる死者をだし、歴史的に由緒ある都市が、いたるところで戦火に呑まれ廃墟と化した。それとともに西洋文明が過去から脈々と受け継いできた、おびただしい数の貴重な文化遺産が灰燼に帰してしまった。ハプスブルグ、ロマノフなどかつて栄耀栄華を競い合った王朝が次々と崩壊し、ロシアでは人民による革命政府が誕生、さらにその革命の余波はアジアにまで拡大し、辛亥革命と清王朝の滅亡(1912)、そして孫文（1866-1925）による国民党政権の樹立という世界的規模の大変革に波及して行くことになる。そうした悲劇的な状況を目の当たりにして、ドイツ人哲学者オズヴァルド・シュペングラー Oswald Spengler の『西洋の没落』*Der Untergang des Abendlandes* 全二巻（1918 - 22）のような、ヨーロッパの将来の絶望的展望を煽りたてる歴史書が、たとえ内容的にはかなり牽強なところがあっても、西洋知識人に広がる不安心理に巧みに便乗して、世界的ベストセラーとなったのも、当時の暗い世情を反映したものだったからだ。

そして、これまで私が辿ってきた絶えず変貌を続けつつも、絶えることなく成長し、拡大を続けてきた《文化》の歴史は、まるで天下未曾有の大地震あとのような、人的かつ文化遺産の大量破壊と抹殺という物心両面の悲劇に遭遇し、ここで大きく頓挫せざるを得なかったとしても、やむをえないことだったのであろう。

(2)「荒地」からの復活

1922年、世界大戦が終結して間もない、いまだ混沌とした社会情勢のなか、奇しくも同じ年にT. S. エリオット T. S. Eliot（1888-1965）の『荒地』*The Waste Land* とジェイムズ・ジョイス James Joyce（1882-941）の『ユリシーズ』*Ulysses* が発表されたということは、単なる偶然ではすまされない重要な意味をもっていることのように思えるのだ。私はかつて別の場所でこのように言ったことがあった。「この二つの作品に直接大戦への言及はない。また彼ら〔エリオットとジョイス〕は思想、信条、文化的背景をまったく異にする。にもかかわらず、彼らがともにロンドンとダブリンという大都市を選んで、現代人の精神的彷徨の軌跡とその帰趨を、文明の源流にまで遡って、絶えず過去と現実をクロス・レファレンスしながら、改めて問い直そうとした背景には、大戦の悲惨さをつぶさに目撃し、荒廃する西洋文明の行く末を慮（おもんばか）る、なにか二人に共通する危機意識があったからではないか」（『さまよえる旅人たち』(234)）と。

ジョイスにとって無限の可能性を持っているものが言語であった。それがすべての文化の根源であった。彼はその源流を探る旅をつづけ、ホメーロスの神話世界へとたどり着いたのである。（ユリシーズは、ホメーロスの『オデッセイア』の主人公オデュセウスのローマ名ウリッセースの英語読み。）そして、想像を絶するようなありとあらゆる言語的実験を試み、その古代叙事詩の主人公の行動に秘められた人類永遠の母胎回帰の願望を、現代のダブリンのしがない一セールズマン、レオポルド・ブルームの一日の行状に凝縮し、新しいコンテクストに組み替えてまとめたのが、『ユリシーズ』という現代の神話である。

この『ユリシーズ』が原書で700頁を優に越す大作であるのに対し、『荒地』は全体でわずか433行の詩である。しかし短い作品ではあっても、大胆奇抜な言語的実験が試みられているところは、ジョイスの作品と共通している。彼の用いた手法は、いわゆる「パスティーシュ」(pastiche) と呼ばれる技法で、自作中に他者の作品の引用や間接的言及（アリュージョン）を自在に挿入し、ごちゃ混ぜにした、特に絵画によく用いられる独特の表現法である。詩のなかに、サンスクリット、旧約聖書、ギリシャ・ラテン文学、さらにダンテ、シェイクスピアなどの近代ヨーロッパの古典文学等々、おびただしい数の引用がちりばめられていて、しかもそれが原語のままにテクストに混入されているのだから、かなりの文学に造詣の深い読者にも、一読しただけでは、ほとんどその出典はおろか、その意味すら理解することができないほどの難解至極な作品である。

そのような読者の困惑を慮ってか、エリオットは詩の末尾にかなり詳細な『荒地』の「注」をつけた。その注によって、初めて作者の意図するところが—ほのかにではあるが—見えてきたのである。彼はその「注」の冒頭で、この作品に登場するシンボルの多くが、民族学者ウェストン Jessie Weston (1850-1928) の中世アーサー王物語の「聖杯」(the Holy Grail) 伝説を論じた『祭祀からロマンスへ』*From Ritual to Romance* (1919) と、民俗学、人類学の権威フレイザー J. G. Frazer (1854-1941) の歴史的大著『金枝篇』*The Golden Baugh* (1890: 1911-15) 全十二巻（＋補遺一巻、1936）のうち、アドーニス、アッティス、オシーリスなどのギリシャ、エジプトの神話を扱った巻を、大いに参照したことを明らかにしている。『荒地』の題名と作中のイメージの多くは前者から、また古代神話と植物再生の祭祀的シンボリズムは、後者の作品に負うところ大であるとも。

この二作品への言及は、極めて重要な意味を持つものである。なぜなら、古代から中世にかけての偉大な人類の歴史の文脈で、エリオットが現代文明を論じようとしていること、しかも、その神話のエピソードに頻出する死と死からの甦りの象徴を、作品の基調としていることを、作者自身が明確にしているからである。そしてそのことは、さらに重要な意味をもっている。それは、この作品が古代から脈々と流れる西洋文化の伝統を、大戦で荒廃したヨーロッパの大地にふたたび甦らせたいという、壮大な祭祀的意図に基づいて構想されていることを、明らかにしていることである。革新性というものは、長い伝統から生まれるという言葉がある。『荒地』は、まさにその言葉を私たちに再認識させてくれるものであった。

『荒地』は、まず古代ローマ帝政期の風刺作家ペトローニウス（?-66）の『サテュリコン』（制作年不明）のなかの一エピソード、囚われの巫女シビルの「死にたい」という嘆き節の巻頭言で始まる。しかし、ここにはそもそも本論前章で引用した、コンラッドの『闇の奥』の、あのクルツの発した“Horror!”という絶叫が載せられるはずだった。それをエリオットが「より優れた芸術家」として尊敬していたエズラ・パウンドの助言を容れて、現行のものへと改めたと言われている。しかし、『闇の奥』の最初の部分、テムズ川上の情景描写へのアリュージョンは、『荒地』テクスト268-70行にうまく紛れ込んで、削られることないまま残された。さすがのパウンドも気がつかなかったのであろう。

ではエリオットが当初、『闇の奥』への言及にこだわった理由は何であろうか。それは彼が、このコンラッドのコンゴ川溯行の冒険の旅ロマンスに、源流に遡って人間の本質を抉り出そうとする作者の象徴的意図が秘められていることを的確に読み取って、まずその絶望的末路を巻頭の言葉として載せ、それから『闇の奥』の冒頭のテムズ川河口部に停泊するボートへのアリュージョンを、同じく詩の最初の部分に挿入することで、現代文明が辿りついた終着点から、まずは詩を語り始めたかったからではないだろうか。残念ながらパウンドには、このエリオットの真意がまったく読めなかったということである。

ここでは詳しいことは省かざるをえないが、この詩の中心的イメージは、生命の源泉としての《水》であり《川》である。しかし、『荒地』には水の潤いがない。かつての清流テムズは、今では油とタールに汚れ、死体の浮かぶ、まさに死の川に変わり果ててしまった。人々の群れが亡霊のようにため息を漏らしながら、ロンドン橋を渡って行く（60-64行）。ロンドンは、「冬の夕暮れの茶色い霧」に包まれ、まるで「幻の都市」のよう。『荒地』の世界は、そんな雷鳴はすれども、雨のない、「水がなく岩ばかり」（331行）の、まるで砂漠のような精神不毛な世界なのである。このような現代という殺伐とした時代に生きてゆくものたちは、魂をうるおす「生命の水」をいったいいずこに求めればよいのだろうか。

雨を孕んだ一陣の風が吹き渡ってきた。でもやはり雨はやって来ない。遠くから「ダッタ、ダヤドゥヴァム、ダミアータ」(作者の「注」によると、ヒンズー教の教典『ウパニシャド』から。順に「与えよ」、「同情せよ」、「抑制せよ」の意味だそうである。)と雷鳴の轟きが聞こえてくる。そして、終末論的な世界—「ロンドン橋が落ちる落ちる落ちる／『彼らは自らを清め／火のなかに身を隠した』(引用は一部ダンテの『神曲』、「煉獄編」の一節から)—が雷鳴のなかに幻となって現れ、詩は『ウパニシャド』からの平和の祈りの呪文「シャンティ、シャンティ、シャンティ」(以上、426-33行)で終わっている。結局、現代の頽廃した文明が炎に焼かれ、浄化されない限り、生命の甦る春の雨は来ないのである。

しかし、精神の復活と、新たなアイデンティティの確立のために、苦悩する現代の魂がなによりも必要とするものは、生命を蘇生させる泉の発見である。では、エリオットは命の水をなにに求めようとしたのであろうか。それは、この詩のなかに盛り込まれた古今東西の宗教的、文学的古典の作品全体に及ぼす効果を吟味してゆくと、自ずと見えてくるのではないだろうか。ある意味で、そうしたパスティーシュされた古典が、『荒地』の荒涼とした砂漠の風景の地下を貫流し、表面に沸き出でる時を待っている命水の役割を果たしているということ、つまり、古典こそが来るべき世界を甦らせることのできる水源であるということを再認識することである。

やがてエリオットが選択したのは、この詩のなかで予兆されたように、こうした過去の文化遺産を継承し、伝統的なキリスト教的文化を改めて構築してゆこうという試みだった。西洋文明の遺産を丹念に掘り起こし、それを現代に活かし、新たな価値を生み出す試みである。それは、十九世紀コウルリッジ、ニューマン、アーノルドが敷いてきた路線の継承を意味するものでもあった。つまり、大戦後の混乱からの脱却を願い、平和と秩序を希求する時代には、彼ら先輩たちの掘った水路を再発掘し、伝統の流れを復活させるという、もっとも保守的な結論こそが、もっともふさわしい選択だということだったのである。

(3)　伝統文化への憧憬

エリオットが《伝統》にこだわるのには、それなりの理由がある。第一に彼がアメリカ北中部、ミシシッピ河畔の港町セントルイス出身のアメリカ人であったということである。そして、ハーヴァード大学・大学院で文学や哲学を学び、その後ヨーロッパに渡り、再びハーヴァードに復学、サンスクリット哲学など古代哲学を研究、再度ヨーロッパに赴いてベルリンで研究活動を続けようとしたが、大戦の勃発でやむなく中断、イギリスに移動し、オックスフォドで研究活動を再開、それ以後はロンドンを基点として文筆活動に専念したという、これは時代と出自の違いこそあれ、ヨーロッパ文化を吸収するため、大西洋を足しげく往還したヘンリー・アダムズやヘンリー・ジェイムズなど、多くのアメリカ・エリート知識人と軌を一にした典型的な修業パターンである。

ただし、エリオットが生まれたのは、アダムズやジェイムズよりも40年近くあとのこと、その間にアメリカは見違えるような進歩と発展を遂げ、今ではかつてのような、アメリカの文化的後進性への後ろめたい感情も、ずいぶんと払拭されていたことであろう。それでも、少なくとも世界大戦以前の段階では、いまだに彼の意識のどこかには、先輩たちとあい似通ったヨーロッパ文明へのある種信仰めいた限りない憧憬が根強く残存していたとしても不思議はない。そうした強いあこがれの感情が、エリオットの場合にはアメリカにはなくて、ヨーロッパには確実に存在する《伝統》への強い関心となって方向づけられたということである。ただ彼には二人の先輩たちとは違って、明確なヴィジョンがあった。それは、混乱する状勢のなかで、人々の関心の埒外に放棄されかけている十九世紀の伝統的な教養主義を蘇生させることであり、再建することであった。そして1910年代、彼は激動する世界情勢を横目で見やりながら、ひたすらイギリスを中心に主要な古典や近・現代文学の魅力について評論や書評を書きまくり、いかに《伝統》がヨーロッパのかけがえのない資産であるかを、訴えつづけたのであった。先述の『荒地』は、こうした彼の伝統への回帰願望の生んだ偉大な成果であり、もうひとつの成果が、伝統擁護の姿勢を強烈に打ちだした文芸評論集『聖なる森』*The Sacred Wood*（1920）であった。

話が脱線するようだが、この《伝統》という言葉には、もうひとつ、アメリカ人に特別な思い入れがあったということを忘れてはならない。エリオットがこだわった背景には、あるいは、これがもうひとつ伏線として働いていた可能性がある。その背景とはこのようなものである。

世界大戦で大国意識に目覚め、ナショナリズムが高揚しつつあったアメリカ国民のなかでも、エリオットのようなインテリたちのヨーロッパ狂いは、とりわけ新興の産業ブルジョワ階層にとって、苦々しいものがあったようだ。いわゆる成り上がりのフィリスタイン根性というヤツで、過剰なまでの排他性と偏狭な愛国心である。アメリカ成功物語の象徴、あの有名なフォード自動車の創始者、初代のヘンリー・フォード Henry Ford（1863-1947）にとってみれば、古臭いヨーロッパ文化など、歯牙にかけるにも値しないものだったに違いない。彼は 1916 年 5 月 25 日、『シカゴ・トリビューン』紙の記者とのインターヴューの席上で、「歴史なんてものは、多かれ少なかれ、でたらめ（bunk）さ」と言ってのけた。それだけではない。さらに彼は続けてこう言い放ったのである。「それは『伝統』（tradition）さ。おれたちに『伝統』なんて要らない。おれたちは現在に生きているんだから。多少なりとも値打ちのある歴史があるとすれば、それはおれたちが作っている歴史だけさ」と。これは天下にあまねく名（迷）文句となって、改訂版『オックスフォド引用句辞典』にも載せられるくらい有名になった。確かに、英語の "tradition" は「口伝えや習慣で先祖から受け継がれてきた意見、思想、慣例」という意味で、必ずしもよい意味でばかり使うとは限らない。そして、その文脈から見て、フォードがここでこの言葉を、「科学的根拠なき単なる言い伝え」の意味で使ったことは明らかである。彼は 1908 年から T モデルと呼ばれる史上初の大衆車を売り出し、それが爆発的に売れて、この時まさに栄華の絶頂にあった。彼にしてみれば、「このおれが歴史を作ってやるんだ」

くらいの高揚した気分で、ついこんな暴言を吐いたのであろう。しかし、彼の言葉は世間から大変な反感を呼び、徹底的な揶揄、誹謗の嵐、そして挙句の果てには、裁判沙汰まで惹き起こすことになってしまったのである。

しかし、この言葉が先の引用句辞典に載せられるほど有名になった最大の理由は、ひとりの小説家がこの言葉を巧みに利用して、人間の尊厳に対する科学の冒瀆をテーマにした空想科学小説の中で、改めて大々的に喧伝したからである。その小説家とは、オールダス・ハックスリー Aldous Huxley (1894-1963)、マシュー・アーノルドと同世代の高名な科学者でダーウィンの進化論擁護者としても名高い T. H. ハックスリーの孫に当たる人物である。彼は 1932 年、『素晴らしき新世界』*Brave New World* という、何とも皮肉な題名の反ユートピア小説を発表し、そののなかで、フォードの発明した T モデル車や、先に引用した歴史批判の言葉を徹底的に愚弄し、笑いものにしてしまった。この小説については、以前に別の場所（『歴史を〈読む〉』第一講（4-5））に詳しく紹介したので、ここでは簡単に触れるに留めておくが、文明が長い時間をかけて培ってきた思想や感情、例えば、神への信仰、親子の情愛、恋人同士の愛とか嫉妬心、芸術的な美を愛でる気持ちといった人間の基本的情念を、この「素晴らしき新世界」はすべて否定し、その代わりとして、すべて科学的イデオロギーとテクノロジーによって統轄された、夢も理想もない刹那的な享楽に明け暮れる即物的世界を提供しようというのである。これがハックスリーの描く「新世界」の実体であった。小説のなかで、彼はフォードの T モデル車こそが、現代科学テクノロジーの悪しき象徴であり、なおかつ現代文明堕落の原点であることを、強く訴えようとしたのである。

しかしながら、この人類の恐るべき未来予想図は、逆説めくが、人類の過去の歴史を包括的に捉え、それを明晰に整理・把握する能力がなければ描きえないものであり、ハックスリーはその能力を備えていたからこそ、未来を透視することも可能だったのだと言えるのではないだろうか。過去を知らずして未来を語ることはできない。彼の目は、二十世紀に至る歴史の過程で、科学の発達によって象徴される物質文明の進展が、着実に人間精神を蚕食し枯渇させて行くさまを、ひたすら追っていたのだと思う。それにしても、古典的教養主義全盛の時代に、科学的知識と真実のために闘った祖父に背を向けて、孫が科学の仕掛ける恐るべきたくらみを弾劾し、感情と精神の復活を訴える。これもまた何とも皮肉な歴史のめぐり合わせではないだろうか。

話題が少しわき道にそれたが、エリオットも、おそらくはこのフォードのスキャンダラスな話題は仄聞(そくぶん)していたことであろう。それが果たして彼の《伝統》へ向けての関心強化へとつながったかどうかはわからないが、彼がその当時、大戦の最中にあっても、わき目も振らずひたすら古典の再認識と再評価のため研究に没頭していたことは、『聖なる森』を読めば自ずと明らかである。

この評論集のなかに「伝統と個人の才能」“Tradition and the Individual Talent”（1919）という、題名どおり《伝統》と個人の才能との関連性を扱った、短いが極めて重要な評論がある。彼はまずその論文の冒頭、イギリスの著作には滅多に「伝統」という言葉が使われることがないし、「また使われたとしても、それは批判的な言辞以外には、ほとんど否定的な意味でしか用いられることがない」、またかりに肯定的な用いられ方をしても、それはどこか考古学的な意味合いで、好印象を与える場合にのみ限定されるものだと、まずは現代の「伝統」という言葉の不人気ぶりを慨嘆することから始める。そして、いよいよ本題に入り、彼の《伝統》の概念につき、次のように解説をほどこす。まずそれを引用しておこう。

しかしながら、もし伝統の唯一の形式、後世に継承するという形式が、成功を得ることに盲目的かつ臆病に執着して、われわれの直前の世代に追従することにあると言うのであれば、「伝統」ははっきり言って督励さるべきではない。われわれはかかる単純な流行の多くが、時を経ぬ間に砂のなかに埋もれてしまうのを見てきた。そして新奇なものの方が、繰り返しよりもよいのである。伝統とは、もっと広い意味を持つものである。それは相続できないものである。もしそれを欲しいのならば、大変な努力をすることによって獲得されなければならない。それはまず第一に、25 歳を越えてなおも詩人であり続けることを望むものだれにも、ほとんど不

> 可欠と言ってもよいくらいの歴史的感覚を持つことを必要とする。そしてその歴史的感覚は、過去が過去であるばかりでなく、現在でもあることを認識する能力を必要とする。この歴史感覚が、否応なくただ単に彼の世代の直感でものを書くだけではなく、ホメーロスに始まるヨーロッパ文学のすべてと、それに加えて自国の文学のすべてが、同時的に存在し、なおかつ同時的な秩序を形づくっているという感情をこめて、ものを書くように迫るのである。この歴史感覚、言うならば時間的なものだけでなく、超時間的なもの、さらには超時間的なものと時間的なものとを一体にした感覚が、作家をして伝統的なものたらしめるのである。そして、これが同時に作家をして自らの現代における立場、現時性を痛切に意識させるものとなるのである。（*Selected Essays*, 14. 傍点引用者）

この過去が現代によって変えられ、なおかつ現代が過去によって指導されるという互換作業が円滑に営まれて、初めて《伝統》という概念は成り立つのである。しかしそのためには、より貴重なもののために絶えず自分を提供する必要がある。「詩人〔この場合「詩人」は文学者全般を指すものと理解してよいであろう〕の進歩は、絶えざる自己犠牲であり、絶えざる人格の消却である」ということになる。個人としての詩人についても同様なことが言える。これをエリオットは詩人の「非個性化」と呼び、それを化学実験の「触媒」にたとえて、こう説明している。酸素と二酸化硫黄の充満した容器にプラチナのフィラメントを入れると、亜硫酸を生み出す。しかし新しく生まれてきた亜硫酸にはプラチナの痕跡は残らない。プラチナ自体は影響されることなく不変である。詩人の精神もこのプラチナの触媒のようなものだ。詩人が完全であればあるだけ、それを生み出した人間を咀嚼し、超越して、まったく別の詩人としての人格を形成することになるというのである（同、18)。それゆえ、詩人は個人的な情に流されてはいけない。「詩は情緒を解放することではない。情緒から逃避することである。個性の表現ではない。個性から逃避することである」（同、21）と。

《伝統》は、「過去が過去であるばかりでなく、現在でもあることを認識する」歴史的感覚を必要とする。それだけではなく、「ホメーロスに始まるヨーロッパ文学のすべてと、それに含めて自国の文学のすべてが、同時的に存在し、なおかつ同時的な秩序を形づくっているという感情」が込められたものでなければならない、そのためには私的感情を消去し、場合によっては個性をも抹殺しなければならない、と。これはエリオットの思想の知的、道徳的な側面を実によく表している言葉である。そして『荒地』はこの主張の見事な実践例と言えるであろう。

しかし、彼の思想を十九世紀の先輩思想家たちと比較すると、同じ伝統擁護を唱えてはいても、その相違は歴然たるものがある。たとえば、アーノルドは「批評とは〔……〕世界中で知られ、考えられているもののうちの最上なるものを知ろうとする好奇心」（第五章2節）と定義した。古典からの教養は、その批評精神を涵養するための基本的な栄養源となるもので、それによって世のなかに蔓延している「俗物主義（フィリスティニズム）」を退治しようというものであった。やがて《教養》という言葉は、彼によってイデオロギー化され、道徳に替わって個人の行動規範となるものでもあり、究極的には宗教と同等の格付けにまで高められることになった。その《教養》によって強く色づけされた神が、極めてヒューマニスティックな色彩の強い神となったことは当然であろう。しかし、肝心の概念そのものが明確でないために、人それぞれにいかようにも判断が分かれ、のちにエリオットの「アーノルドの哲学の効果を総括すると、それは宗教の代わりに教養を掲げ、宗教を感情の無秩序状態のなかで荒廃させるに任せたことだ」（「アーノルドとペイター」同434）という批判を受けることになるのである。

《伝統》と並んでしばしば引用されるエリオット独特の批評用辞に、「客観的相関物」（objective correlative）という言葉がある。この言葉は、彼自身の定義するところでは、「芸術で情緒を表現する唯一の方法は、この客観的相関物、換言すれば、その特定の情緒を定型化するような一組の対象物、状況、一連の出来事を見つけ出すことにある」（同、145）ということになろうか。これは、もとは彼が「ハムレット」（1919）という論文で最初に用いたもので、ハムレットの苦悩はこの「客観的相関物」が存在しないことへの挫折感であり、それは作者自身の創造上の挫折感の延長であるとした『ハムレット』論としては、短いが彼の評論中でとりわけ有名な評論である。しかし、この専門語が大きなインパクトを発揮しうるのは、それが単に文学だけでなく、あらゆる領域に応用可能だからである。つまりこのエリオット的論法に基づけば、アーノルドの宗教思想には、「客観的相関物」が欠如しているということが問題だ、ということになるであろう。

結局、エリオットが大戦中、そして大戦後の荒地の中で求めた生命の水―魂の拠りどころ―は、アーノルド流の教養主義に立脚したヒューマニスティックな神ではなく、より強固などっしりとした、彼のいわゆる《伝統》の基盤の上に築かれた、目に見える形で現在するキリスト教会であった。1927 年、彼はイギリス国籍を取得し、国教会に入信する。イギリス国教会、特に「アングロ・カソリック」と呼ばれるローマ・カソリックに近い高教会（High Church）が、彼の魂の求める「客観的相関物」となったのである。

（4）《文化》とはなにか―エリオットの提言

エリオットは 1928 年、『ランスロット・アンドルーズを表敬して』*For Lancelot Andrewes* という小冊の評論集を出版した。サー・ランスロットは、十七世紀初めの学殖があり、時の国王たちの覚え目出度い国教会の主教であったが、その主教にあやかって、「序文」で彼の信条を「文学では古典主義者、政治では王政主義者、宗教ではアングロ・カソリック信者」とはっきりと表明し、世間の話題を呼ぶことになる。この保守主義的立場は、彼の「伝統と個人の才能」以後の著述からある程度予想のつくことであったが、ただその明確な論拠については、同じ「序文」の中で彼自身が認めているように、いまだ「曖昧」なままに残されていた。しかし、この信条表明以後、彼はなぜそうであるのか自らの主張を自分自身に対して一層明確にする必要性に迫られるようになる。

1939 年、彼はケンブリッジにおいて『キリスト教社会の理念』*The Idea of a Christian Society* と題する講演を行った。注目すべきことは、この中で彼は初めて《文化》という概念を意識的に用いていることである。彼はまず現代文明の現実について次のように分析する、「私的な利益の原則に従おうとする社会組織は、規制なき産業主義と同様、人類の醜悪化と天然資源の消耗とにつながります。それだけではなく、われわれの物質的進歩の多くは、のちの世代の人々が高価な代償を支払わなくてはならない進歩だということです。〔そして現代は〕「われわれがそれに目覚めつつある」(61) 時代であると。一般社会とその文化が「否定的」な方向に走りつつある時代に、キリスト教的文化こそが、その対極軸として「積極的」価値を有するということを、強く訴えたのである。「私はこう信じているのです。私たちが選ぶべき道は、新たなキリスト教文化を構築するか、異教的な文化を受け入れるかのいずれかです。両方とも大変革を伴うでしょう。でも、私たちの大多数は、数世代をかけてようやく達成される変化に、即刻に対応できるというのであれば、キリスト教を選ぶであろうと信じております」(同、13)。目下ナチス・ドイツの危機が目前に迫り来っている。このような「異教的」、いや異端的文化が容赦なく侵略してくるとき、いつの時代にあっても国家の支えの綱となるのは、キリスト教会である。彼はそう固く信じていたし、はっきりとこう主張するのである。「その伝統、その組織力、そして過去における国民との宗教的・社会的生活のかかわりという理由で、私たちの目的に適う唯一の教会は、国教会にほかならないこと—イギリスのいかなるキリスト教化も、国教会なくしては起こりえない」ということを(同、47)。

では、そのようなキリスト教社会とはいかなるものなのか。その理念を一層明確にしようと意図して書かれたのが、第二次世界大戦の傷跡いまだ生々しい 1948 年発表の『文化の定義に向けての覚書』*Notes towards the Definition of Culture* ではなかっただろうか。おそらく彼の胸中に、《文化》の再建こそが国家救済のための最大の責務という考えが激しく燃え盛っていたのだろう。

文化という言葉は、われわれが個人、集団もしくは階級、あるいは社会全体の発達のいずれを想定しているかに従って、異なる連想を有する。個人の文化は、集団もしくは階級の文化に依存し、集団もしくは階級の文化は、その集団もしくは階級の帰属する社会全体の文化に依存するというのが、私の論点の一部である。それゆえ、基本となるものは社会の文化であり、最初に吟味されなくてはならないものは、社会全体との関係での「文化」という言葉の意味である。(21. 傍点部分、原文イタリックス)

エリオットは言葉の混乱を避けるため、まず本論の冒頭でこのように規定して、彼の《文化》の概念が、まずマシュー・アーノルドに代表されるような、十九世紀的な《教養》を主要概念に戴く狭義的意味ではないことを明確にすることから始まる。アーノルドの "culture" は、個人と個人の人格の完成を第一の目標に掲げ、あくまでも《教養》を主体としたものであるが、エリオットによれば、この概念が、今日の読者に浅薄なものに思えるのは、ひとつにはアーノルドの構想に社会的背景が欠如していることである。*

(＊議論の起点としては認めるが、私は必ずしもそうとは思っていない。アーノルドはアーノルドなりに、かなり社会的関心は強かった。ただ彼の時代には、いまだ《文化》という概念がエリオットの時代ほど成熟したものではなかったのである。)

結局、アーノルドの理想とするような「完全さ」は、個人に求めようとしても求められるものではなく、エリオットに言わせれば、「完全な教養人などというのは幻想に過ぎないのである。そして、われわれは文化を個人や個人の集団に求めるのではなく、より広い領域に求めるようになり、結局全体としての社会の構図の中に見出さざるを得なくなるのである」(同、23)。だから文化に寄与貢献できる人物が出てきたとしても、その人物が必ずしも「教養人」であるとは限らない。すべての条件を満足させることのできる「教養人」など、そもそもありえないからだ。だからと言って、個人や、個人の集団の文化が無意味だというわけではない。ただ個人の文化を、個別に集団から切り離したり、また全体の文化の構図から個人のそれを抽出するようなことがあってはならない。エリオットは、これら三種、すなわち個人・集団・社会の《文化》の単位が、それぞれ相互理解にたって協力しあうときに、初めて三者を接着するだけの「粘着力」を発揮できると言うのである。

しかしながら、二十世紀が進むにつれて、「文化的集団」は粘着する方向には向かわず、ますます分化し、専門化する傾向にあることは否定しがたい事実である。それが「文化崩壊」の危険を招く原因となる。そして、それが「社会が蒙るもっとも過激な崩壊である。〔……〕原因や結果がどのようなものであれ、文化の崩壊はもっとも深刻であり、もっとも修復しがたいものなのである」(26)。さらにこの文化の分裂が進み、二層かそれ以上の層に分離して、これらが実際に別々の文化になる時がある。また、上層部の階層の集団の文化が断片化してしまって、それぞれが単一の文化活動にのみ専念するようになる時も、文化の崩壊は着実に進むことになる。エリオットの見立てでは、このように文化がもっとも高度に発達している階級の中での自己分裂が、すでに西洋社会において現実に起こっているし、同時に社会全体の階層間の文化的分離も始まっている。宗教的思想と慣行、哲学と芸術、すべてが互いに何の伝達方法を持たない集団となって、個別に領域化する傾向が見られる。「このような高層部の退化現象は、それが目に見える形で影響をうけている集団だけでなく、国民全体にとっても由々しい問題なのである」(26)。

おそらく、この国家的な「文化崩壊」の危機を憂うる気持ちが、彼を『覚書』執筆へと促す動機となったのであろう。では、この分裂と崩壊に向かって突き進む状況に歯止めをかけるものがあるとすれば、それはなにか。エリオットは『覚書』の「序論」で、「第一の主張点は、いかなる文化も宗教と共存せずには出現しなかったし、また発達もしなかった。第三者の観点に立てば、文化は宗教の産物であり、宗教は文化の産物なのである」(15) と主張していることからも明らかなように、その鍵を握っているのは宗教である。彼にとっては、すでに『キリスト教社会の理念』で表明しているように、宗教と文化はその起原においても、歴史においても、つねに並存し、共存し、いわば表裏一体のものであった。これは彼の基本信条である。ただし、これら二つのものを「関係」という言葉で表すことは正しくないと言う。なぜなら、それは宗教と文化が別個のものであるという前提を容認することになるからである。エリオットによれば、文化と宗教を「関係」づけようとする安易な姿勢が、アーノルドの『教養と無秩序』のおそらくもっとも基本的な弱点である。「アーノルドは、文化は宗教よりもより包括的なものであり、究極的な価値を持つものであると考える。宗教は究極的価値である文化に、倫理的形態といくらかの情緒的色彩を供給する、必要な一要素以上のものではないというような印象を与える」（同、28）と、厳しく批判する。それに対してエリオットの考えでは、「ある局面では、われわれは宗教を一民族の生活のすべての様式を表していると見ることができるし、その生活様式がまた文化である」と言うこともできるのだ。たとえば、ダービー競馬日、ヘンリー・レガッタ、カウズのヨットレース、さらにはドッグ・レース、ピンボールの遊戯、ウェンズリーデイルのチーズ、キャベツの煮物、十九世紀のゴシック教会、エルガーの音楽、などなど。「一民族のこれらすべての特徴的活動や関心事」は、文化の一部であると同時に、「われわれが生きてきた（*lived*）宗教なのだ」（31）とまで極言して憚らないのである。*

（＊ただし、この部分のエリオットの意見には異論をはさむ余地がある。私たちがこれまで見てきたように《文化》は、宗教よりはるかに遅れて誕生した概念であり、古くから両者は現実に密接な共存関係にあったとしても、それを明確に認識できるようになったのは、少なくとも十九世紀の後半、アーノルドの時代以降のことである。つまり宗教と文化の相関性を強く意識されるようになったのは、それほど過去に遡ってのことではなく、近・現代に入ってのこと。エリオットはアーノルドを「文化と宗教を『関係』づけようとした」と言って批判するが、アーノルドにしてみれば、それまで未分化状態であったものが、《文化》の概念が新たに導入されたため、宗教と「関係」づけることが、避けて通れない深刻な問題となったのである。エリオットの用いる《文化》の概念は、上の例のように、《宗教》の概念に包括、あるいは一体化されたものとなっている。それは「生活様式がまた文化である」という考え方が、常識化している現代だからこそ言えることであって、彼はそうした現代の常識に則って議論をしている。それと同様に、宗教と文化とが分かちがたい一体であるという考えも、こうした《文化》という概念の社会通念化を前提とした発想である。それほど《文化》は社会通念化し、複雑な概念となっていろいろな方面に浸透しているのである。）

第二章「階級とエリート」は問題の章である。なぜなら、ここでエリオットは高らかに新しい形の教養主義を打ち出してきたからだ。もちろん彼は階級なき社会を建設することが理想であり、大勢はその方向に向かっていることは認めている。だがその一方で「個人間の何らかの質的差異は容認されなければならないし、優秀な個人は適当な集団にまとめられ、さまざまな報酬や名誉を伴ったそれ相応の権力が与えられなくてはならない」(36)、すなわちエリートの存在を容認するような意見が―これは必ずしもよいことばかりとは言えないと但し書きをつけた上ではあるが―もっとも進んだ知識人の間にあることをも認めないわけにはいかないと言う。「われわれの文化の弱体化は、エリート相互の孤立化が増大したことによるものだった。その結果、政治のエリートたち、哲学、芸術、科学のそれぞれエリートたちが、全体的な観念の流通の停滞によるだけでなく、〔……〕より意識しないレベルでの接触と、相互間の影響を欠いていることから、互いにばらばらになり、それぞれ大変な損害をこうむっているのである」(38) と、ここでも集団内部の組織的不統一性を指摘して、ばらばらの文化活動を集約したものを、文化と同一視する危険を冒すことのないよう、注意を促すのである。なぜならば、「文化を理解するということは、その民族を理解するということであり、このことは想像的理解を意味しているからである」(41)。抽象的であってもいけないし、実生活そのものであってもいけない。文化は、種々の活動の総体であるだけでなく、生活の一様式（*a way of life*）なのだから。それを理解するのには、意識の領域より、より広大な領域を包括できるような理解力―想像的理解力―が必要なのである。

エリート集団は、そもそも階級とはかかわりなく、共通の利害を持つ個人が集まって構成される集団であるべきである。しかし、実際にはこのエリートをそれぞれひきつけ合うのは、彼の出身母体の階級であり、それが支配階級である可能性が高いのが現実である。結局、文化が「生活の一様式」である以上、文化の第一の伝達チャンネルは家族なのだから、支配階級の家族がその核となるのはやむをえないであろう。ただし、エリオットが家族と言うとき、彼は現在の家族よりもさらに長い祖先からの、そして未来の子孫へのつながりを意味しているようだ。これも伝統の継承の一形式なのだ。死者への敬愛、生まれてこぬものたちへの思い、この愛慕の情が家族の絆である。「もしこの過去と未来への尊敬の念が家庭で涵養されなければ、家族は共同体のなかの単なる言語的因習でしかなくなってしまうであろう」(44)。

そして、エリオットは、この家族を基本単位とした伝統的な生活様式こそが、文化のあるべき基本であると考えた。この基本形態に則して、彼がさらに求めるものは、文化の流動性、すなわち「頂上から底辺まで、文化のレベルが絶え間なく移動してゆくような社会構造」だった。「われわれは上層階級が下層階級より多くの文化を持っているなどと考えるべきではなく、より意識的な形での文化、より大きな専門化した文化を代表しているものと考えることが、重要なのである。真実の民主主義は、もしこのような異なる文化のレベルを包含していないのであれば、自らの体制を維持できないのではないかと考えたいのである」(48)。

エリオットはこのように丹念に《文化》という概念を定義するため、真剣に模索をつづけた。しかし、この概念は二十世紀が進むにつれて、気がついてみると、いつの間にか把捉できないまでに膨張していて、彼の明晰な論理力をもってしても、定義することが困難な怪物的概念になっていたのである。『定義に向けての覚書』と題名にあるのは、おそらくそんな理由からであろう。たとえば、彼の言うような、素朴で強い家族の絆は、結局階級意識の温床となるのではないか。あるいは彼の主張するような異なる文化をすべて包含できるような民主主義など—たとえそれが「真実」のものであるにせよ—現実問題として果たして存立可能なのであろうか。それよりも、「より広大な領域を包括する理解力—想像的理解力—が必要」と言われても、どうしたらそのような「理解力」を獲得できるのであろうか。彼が《文化》を定義しようとすればするほど、いたるところにほころびが目立つようになるのである。おそらく、彼は書いているうちに、《文化》という怪物概念を定義することがいかに困難なものか、次第にわかってきたのではないだろうか。『覚書』第四章「統一性と多様性―宗教的分派とカルト」の結論部からの引用が、彼の統一にかける切ない思いと、その実現の困難さをすべて語り尽くしているように、私には思えるのである。

> これまで見てきたように、一国の文化は、地理的かつ社会的ないくつかの構成部分の繁栄とともに繁栄する。しかし、それはまた、それ自体がより大きな文化の一部であることが必要である。それはいかに実現しがたいものであれ、世界連邦の計画(スキーム)が内包している意味とは異なる意味での、「世界文化」の究極的理想を必要とするものである。そして、ひとつの共通の信仰なくしては、文化の面で国家間をより緊密に結びつけようとするあらゆる努力は、ただ単に統一の幻想を生み出すに過ぎないであろう。(82)

でも、「共通の信仰」など、いったいどこに見出すことができるのだろうか。

(5) 《文化》と教育

しかし、エリオットがこの『覚書』のなかでもっとも重要視している問題があるとすれば、それは「教育」をいかに《文化》の概念に統合してゆくかということではなかったか。この問題は彼にとっては長い間の懸案事項であった。《伝統》擁護派の彼にすれば、長い伝統文化をいかに新しい時代に受け継いでゆくか、これはどうしても看過し得ない最重要課題だったろう。彼には文化の低俗化の傾向は、すべて教育における伝統軽視の風潮に由来するものであって、二十世紀はさらにその風潮に拍車をかけているという切実な思いが、長い間心の中にわだかまっていたに違いないのである。

こうした問題意識は、すでに1932年発表の「現代教育と古典」という論文のなかにはっきりと姿を現している。

> 数世紀間の教育の進歩(私は拡大と言っているのではない)は、ある面では成り行きまかせ、別の面では押し付けであった。なぜなら、それは〔世間的な〕成功(*getting on*)という考えに支配されてきたからである。個人は知恵の獲得の一助と

> するためではなく、成功するために教育を欲する。国家は他の国家より優位に立ちたいがために教育を欲する。階級は他の階級より優位に立とうとするか、少なくとも自分たちの立場を保たんがために教育を欲する。教育は、それゆえ、一方で技術的効率と結び付けられ、他方で社会での地位向上と結びつけられるのである。教育は才能にかかわりなく、すべての人が「権利」を有するものとなる。そして、すべての人がそれを得るときになって―そのときまでには薄められ粗悪な形のものになっているが―われわれは、当然のことながらそこで初めて、教育がもはや成功のための不可謬（ふかびゅう）の手段ではないことを発見し、別の誤謬（ごびゅう）、すなわち「暇つぶし」のための教育へと―「暇つぶし」の概念に修正を施すことはせずに―向かうようになるのである。（*Selected Essays*, 507-08.）

そして、この痛烈な現代教育批判（そして、これは何と見事に日本の教育の現状を言い当てているではないか）が、基本的信条としてこの『覚書』にも持ち込まれているのである。彼には《伝統》の軽視による教育の劣化が、どうしても許せなかった。現代文化の堕落の最大要因は、まさに教育の劣化にある。彼はその原因として一般教育の普及を挙げる。

> すべての人が、文化のより意識的な部分の成果を分かち合えることを目指すことは、与えられるもの価値を劣化させ、安価にすることである。と言うのは、少数グループの文化を存続させ続けることこそが、少数グループの文化の質を保存する基本的条件だからである。青年向けの専門学校（Young Peoples' College）をいくら建てたからといって、オックスフォドとケンブリッジの退化を償うことにはならないであろう。〔……〕「大衆文化（マス・カルチャー）」と言うものは、いつも代用文化であろう。そしてこの欺瞞は、大衆文化を押し付けられた集団のなかの、より賢明なグループの人々に、早晩明白なものとなるであろう（同、107）。

ヨーロッパの文化が目に見えて退化しつつあるのは、だれの目にも明らかなことである。ではその危機にどう対応したらよいのか。単に過去の文化を学生に教え込むような旧態依然の方式を踏襲しているばかりであってはならないし、政治や社会哲学の流行に流されたものであってもならない。彼にはっきりわかっていることは、いかなる対策を講じようとも、「教育が文化を育み、改良するかどうか知らないが、それが間違いなく質の劣化を促し、退化させている」ということであった。「われわれは万人を教育しようとまっしぐらに突き進んでいるうちに、われわれの水準を引き下げている。そして、われわれが文化の基本的な部分―教育によって伝達が可能な部分―が伝達される学科目の研究をますます放棄しつつあることは、疑問の余地がない。われわれの古き建物を破壊し、未来の野蛮な遊動民たちが、機械化されたキャラバンで露営をするための土地を用意しようとしているのである」(108)。

現代における教育が文化の健全な発達に十分に機能していない、それどころか堕落につながっているという意見は、極めて悲観的な偏った見方であることは確かである。この考え方が、彼の『覚書』のなかのエリート階級擁護の主張となって顔をのぞかせている。そして、この点を捉えて、エリオットが《文化》の統一を大義名分に掲げながら、実際には、その本質を《伝統》という過去の係累を引きずって、知的階級の特権的専有物に帰属させようとしているとして、彼を鼻持ちならないエリートの排他的伝統主義者と厳しく批判する向きも多いことは、否定しがたい事実である。確かに彼の教育観には、一世紀以上も前のコウルリッジのあのエリート知識集団「クレリシー」の観念(本論第一章(2)(ii)項参照)の思想的残痕がある。

しかし、《文化》の概念が今日のように分化を繰り返し、多極化するなかで、文化の重要な一翼を担っている教育が、特に高等教育が、教育の機会均等という民主主義の旗印の陰で、絶えず質的低下を続けていること、これも紛れもない事実である。この問題にどのように対処するか、どう解決したらよいか、これが二十世紀後半以降、私たちに突きつけられた、もっとも深刻な、解決困難な難問と言えるであろう。

ちなみに、この問題に文明論の観点から切り込んだのが、現代屈指の文芸評論家ジョージ・スタイナー George Steiner(1929 - 2020, 2)であった。彼が 1971 年、ケント大学で行った T. S. エリオット記念講演『青鬚の城にて―

文化の再定義へ向けての覚書』*In Bluebeard's Castle: Some Notes Towards the Redefinition of Culture* は、その副題からも推測できるように、エリオットの『文化の定義へ向けての覚書』への痛烈な批判であると同時に、なおかつ《文化》の存在理由そのものへの重大な問いかけである。しかし、スタイナーのこの作品については、ここで取り上げるより、章を改めて（第九章において）詳しく語る方がより適切であろう。

第八章　科学 vs. 文学―文化論争（激突）

(1)　論争の背景とその伏線

前章で取り上げたT. S. エリオットの『文化の定義に向けての覚書』で、私は彼の文化論の本質が、新たな知的エリートを中核とした文化的統一体というものを前提にしていることを指摘した。そして、その文化構築のためには、教育面における新知的階級による《伝統文化》育成の再建こそが急務であり、伝統を抜きにした普通教育の普及は、むしろ教育の質の劣化を促す要因となるとさえ主張していることも。ここに伝統を擁護しようとする、オックスブリッジを中心にした排他的なエリート主義の精神が、見え隠れしていることは、当然読む人が読めば容易に発見できたことである。そして、これがエリオットの真意であるということも。もちろん、旧来の大学教育は機能低下と劣化が進んでいて、抜本的改革が必要であることは、よくわかっていることである。しかし、その一方で、彼らにはイギリスの長い伝統を擁護しなくてはならないという、知的エリートとしての妥協を許さない、ある種神聖な義務感があった。そこに彼らの誇りがあったのだ。

エリオットの主張の根拠となっているのは、二十世紀に入ってからのいわゆる一般教育の普及と、大衆文化の爆発的膨張による従来の文化秩序の崩壊への、今や特権階級化した知的エリートの間に根強い危機感であった。これが強力なサポート集団となって、彼の背後を支えていたことも見逃せない事実である。

こうした彼らの危機意識の背景には、十九世紀の末ごろから、新たな文化的なうねりが次第に高まりつつあったことを見逃してはならない。もはや十九世紀に交わされていたような悠長な文化論争の時代ではなくなっていたのである。いわゆる科学技術の振興、テクノクラートの著しい台頭、それを後押しするような形でのいわゆるポリテクニックと呼ばれる科学技術専門学校の増強、そしてなによりも、そうした勢いをバックアップする国家を挙げての一般教育の徹底化の努力、そうした教育の普及によるリテラシーの増加と、その結果としての文化の大衆化、いわゆるポップ・カルチャーの流行など、時代は二十世紀が進むにつれて、大きく変転しつつあった。《文化》はもはや一部特権階級の専有物ではなくなり、堅苦しい《　》のタガがはずされ、いわばだれでもが気軽に着こなせるカジュアル・モードの言葉として、広く一般に解放される時代がきたのである。

(i) H. G. ウエルズとその系譜

その普及に大きく貢献したのが、たとえばウエルズ H. G. Wells（1866-1946）の『タイム・マシーン』*The Time Machine*（1895）や『透明人間』*The Invisible Man*（1897)、『宇宙戦争』*The War of the Worlds*（1898）など、いわゆるサイエンス・フィクションの大流行であろう。おそらくこれらの作品を読んだ人、あるいは映画で見たことのある人は多いであろうし、これらの作品のいずれもが、今日の空想科学小説やアニメ映画の原型となっていることを知る人も少なくないだろうから、詳しい紹介は割愛するが、ウエルズの開発したこれら一連の小説が、当時最新の科学知識―中には似非（えせ）科学的なものもずいぶん含まれていたが―を巧みに物語の中に取り入れながら、おごらず、高ぶらず、謎とサスペンスを絡めて、ひたすら科学を身近な問題として読者に訴えかけることに心がけた結果、一般大衆の熱狂的歓迎を受け、それが彼らの科学的関心の向上に大きく貢献したという、歴史的業績について、ここでまず大いに強調しておきたいと思う。彼より一世代早いフランスのジュール・ヴェルヌ Jules Verne（1828-1905）と並んで、彼が科学を特定のエリートの専有物から掠め取って、万人が共有できる身近な知識とした、現代版プロメーテウス（オリュンポスの神々の手から火を人類にもたらしたというギリシャ神話のヒーロー)、「知識盗人」の頭目の一人であったことは間違いない。

ウエルズはしがない瀬戸物商の息子として生まれ貧しい少年時代を過ごした。13歳まで地元の商業学校で学んだあと、反物屋や薬局で徒弟奉公をし、独学で勉強を続けながら、ついにはロンドンの理科師範学校（Normal School of Science）―ロンドン大学理学部の前身―に入学を果たし、そこでT.H. ハックスリーと出会い、彼の生物学の講義を始め、その他広く当時の科学的知識を学ぶ機会に恵まれ、そこから作家としての階段を一気に登りつめていった人物である。まさに新しい形の「自助（セルフ・ヘルプ）」型人間の代表と言えるであろう。階級的に言えば中の下か、下の上の出自であったが、奨学制度などの利点を存分に活用し、苦学を重ねながら科学的知識を磨いたという、新しい教育制度の生み出した新興タイプのエリートであった。

まず注目してほしいことは、ウエルズの社会的学歴的背景が、これまで本書に登場したいわゆるエリート知識人とは余りにも対照的であることである。彼の代表作『トーノ・バンゲイ』*Tono-Bungay*（1909）は、貴族の家の家政婦の息子として生まれた主人公ポンデレヴォが、やがて伯父の作ったイカサマ精力剤トーノ・バンゲイで巨万の富を手にする一方で、彼の母の仕えた貴族の一家は時代の流れに抗しきれず没落してゆくという、新興成金階級の台頭と、旧支配階級の没落というひとつの時代の終焉を象徴的に描いた風俗小説だが、この社会の階級交代の構図に、彼の新しい時代に寄せる期待が、はっきり描き込まれているように思えるのだ。

彼は人類の将来を憂慮し、停滞した現状を打破し、新世界の建設が必要であるという真剣・切実な思いを抱いていた。彼の後半生の言論活動は、その理想の実現に捧げられたと言っても過言ではない。その思いのたけを吐露したのが、『現代のユートピア』*A Modern Utopia*（1906）という空想未来小説である。彼は人類がその英知を存分に発揮して、必ず未来にユートピアの夢を実現すると固く信じていた。その夢を実現する役目を担っているのが、彼が「サムライ」（the Samurai）と名づけた（ちょうど日露戦争（1904-05）の直後のことで、日本に世界中の関心が集まっていたせいもあったのだろうか）、正しい科学知識と真の創造力を身につけたテクノクラート階級だった。しかし、ウエルズが思い描いていた「現代のユートピア」の理想は、結局、サムライ階級に支配された全体主義国家で終わってしまった。それ以上の理想国家を思い描くことができなかったのである。彼は確かに『タイム・マシーン』で描いたような 80 万年後の人類滅亡の情景は想像できたかもしれない。だが、オールダス・ハックスリーが想像したような、科学テクノロジー万能の全体主義国家、「素晴らしい新世界」が、やがていかなる恐るべき暴虐な振舞いをすることになるか（前章参照）、彼には現代と背中合わせの反ユートピア世界の恐怖を、夢想すらできなかったのである。残念ながら彼には、オールダス・ハックスリーのような、科学に対する冷徹な批判精神と猜疑心が、根本的に欠落していたと言われてもしかたがなかった。

しかし、科学的知識の啓蒙者としてウエルズの当時の大衆的人気と信頼は絶大であった。そして―これが実に興味深いことなのだが―そうした彼の思想にいたく共鳴し、その強力な支持者として立ち上がった若き科学者が一人いた。それがやがて今回の論争の主役を演じることになるスノウ C. P. Snow（1905-80）だったのである。彼は 1934 年、『ケンブリッジ・レヴュー』誌に「H. G. ウエルズとわれわれたち」という一文を掲載する。彼の詳しい履歴については後の項目に譲るが、これが彼の言論活動の記念すべき出発点であった。これはウエルズの『自伝的実験』*Experiment in Autobiography*（1934）の書評のようなものだったが、彼はそのなかでウエルズを「偉大な作家」、「驚異の人」と呼び、彼のユートピア世界建設の設計図を言葉を極めて褒めそやし、その一方で、彼が特別研究員（フェロウ）として在職していたケンブリッジ大学内に、当時たまたまたむろしていた文学系批評家たちが、ウエルズ文学を冷やかに見過ごし、時にあからさまに軽蔑するような態度を見せるのに対して、ある種の憤りの感情を抱いていることを、率直に告白している。この当時、ケンブリッジ大は、リチャーズ I. A. Richards やエンプソン William Empson など、いわゆる「ケンブリッジ学派」と呼ばれる、歯に衣着せぬ言動で鳴る新批評家集団の溜まり場となっていた。こうした文学系インテリたちの、ウエルズや彼の支持者たちの標榜する科学的ユートピア理想に示すあからさまな軽蔑の表情が、スノウの彼らに対する不信感を増殖し、のちに彼らを「天性の文化破壊者たち」（natural Luddites）と呼び、限りない憎悪の感情を抱く原因となったことは間違いない。そして、皮肉なめぐりあわせと言おうか、この「ケンブリッジ学派」の若き理論家闘士たちの中に、のちの論争の敵役となったリーヴィス F. R. Leavis（1895-1978）がいたのである。論争の芽は、すでにここに萌え出していたのである。

（ii）F. R. リーヴィス

ケンブリッジの文学者たちと並んで、スノウのような親ウエルズ派勢力の台頭に神経をとがらせ激しく反撥していたのが、いわゆる「ブルームズベリー・グループ」と呼ばれる、二十世紀の初頭から 30 年代にかけて活動した知的エリートの芸術家集団であった。錚々たる顔ぶれの知識人ばかりで構成された、高度に洗練され、ソフィスティケイトされた、新しい形のサロン文化集団と考えればよい。その中心は、作家のヴァージニア・ウルフ Virginia Woolf（1882-1941）とその夫で出版者のレナード Leonard Woolf（1880-1969）、姉の画家ヴァネッサ・ベル Vanessa Bell（1879-1961）、同じく画家のダンカン・グラント Duncan Grant（1885-1978）やロジャー・フライ Roger Fry（1866-1934）、歴史家のリットン・ストレイチー Lytton Strachey（1880-1932）そして経済学者のケインズ John M. Keynes（1883-1946）など絢爛豪華な顔ぶれである。彼らの住居と交流の場がブルームズベリーという大英博物館やロンドン大学に近い文教区域に集中していた関係で、自然とその名で呼ばれるようになったようだが、要するに彼らは下町出身のウエルズとはおよそ縁遠い世界に位置する排他的な知的文化圏の居住者たちであった。彼らはグループ独自の主義・主張を特に持ち合わせているわけではなかったが、唯一、共通しているものがあったとすれば、唯物主義や俗物主義（フィリスティニズム）に対する激しい憎悪感と、性道徳も含めてヴィクトリア朝的なあらゆる道徳律への拒否反応だったと言えよう。

この感情がまともに噴出したのが、ヴァージニア・ウルフの 1919 年 4 月に『タイムズ文芸付録』に掲載された「現代小説」“Modern Fiction” と題する一文である。彼女は当時流行の頂点にあったウエルズ、アーノルド・ベネット Arnold Bennett（1867-1931）、ジョン・ゴールズワージー John Galsworthy（1867-1933）など、一般にエドワード朝作家と称せられる二十世紀初期に活躍した流行作家を俎上にのせ、彼らを「物質主義者」と決めつけ酷評した。その理由は「彼らが肉体（物質）にのみかかり煩うばかりで、精神に関心を持たないから」であり、たとえ砂漠であっても、彼らに背を向けて進んだ方が魂のためだとまで言ってのけたのである。ただウエルズには多少の手心を加えて、一応その才能を認めてはいるが、それでも彼の霊感には「大きな粘土の塊が混ざり合っている」と断じて憚ることはなかった。その一方で、ジェイムズ・ジョイスの連載の始まったばかりの『ユリシーズ』には、上に挙げた「物質主義者たち」と比べて、作者の頭脳から発信されるメッセージの光の炎のひらめきがある、ジョイスは自在な表現力を持った「霊的」な生命力を有する作家であると、惜しみのない賞賛を送ったのだった。（*The Common Reader, 1st Series*. 147, 151）

このようなウルフの考え方は、T. S. エリオットやジョイスなど、「モダニスト」と称されている新しい実験的な文学運動の推進者たちから見れば、極めて穏当と思えるものだったであろう。しかし、先ほど挙げたケンブリッジ学派のなかでも、もっとも過激な分子の一人、リーヴィスはそれだけではとても満足でききなかった。1932 年、彼は自らが編集して新たにスタートをした文芸評論誌『スクルーティニー』*Scrutiny*（「検証」という意味）創刊号に「文学精神」“The Literary Mind” という評論を掲載、そこで極左的なアメリカ人批評家のマックス・イーストマン Max Eastman（1883-69）の同じ題名の評論『文学精神―科学時代における位置』（1931）を槍玉に上げて、徹底的にその唯物史観に基づいた文芸思想を痛罵したのである。イーストマンは、当時文芸評論誌が次々と廃刊されてゆく「文学的文化の衰退」の現象を見やり、「彼ら〔文芸誌〕の代表する文学的文化を時代遅れのものにしたのは、科学だ」と、科学を持ちあげる一方で、文芸誌は文明に寄与しつつあると称しながら、その実、「この科学の時代にあって、訳のわからないことばかり言って、真面目に受け取ってもらうのが当然の権利のごとく振る舞っている」と、その思い上がりを激しく批判した（1. 20）。

リーヴィスは、文学的伝統が瀕死の状態にあることは容認しつつも、それは文学者個人の問題ではなく、むしろ社会的変化により確たる権威や指標が見出しにくくなったことによるものと反論、原因はむしろ（イーストマンのような）科学的批評家たちの知的思考力と感受性の欠如に由来するものであり、「要するに彼らは、H. G. ウエルズの時代の生き残りなのである」とやり返した。「彼らが予言者としての欠陥を示すのには、彼らが『文学』を通して得られる教育を逃がしたか、受け入れなかったということを示すのが、ひとつの方法である」（同 30）と。

このように衰退しつつある文学的伝統を復活させることが、現実に容易でないことは、リーヴィスとて百も承知であった。復活のためにはまず教育が必要なことも。しかし、現代のような科学万能の時代にこそ、感受性の訓練がなによりも大切なのである。そのためにはウエルズが何と言おうと、英文科のような感受性の訓練にたけた学科がもっとも重要なのである。すべてそこから始めなければならない。「そこから文学史の―時代、発達、関係等の―研究が、生命ある伝統の観念を把握する方向へと進むと、多少期待が持てるようになる。感受性と伝統の観念―このふたつが基本なのである。」このふたつのものは密接に交わりあっているので、その関係が損なわれると、「専門的学問の不毛、ヒューマニストによる空疎な観念の操作、伝統を有機的生命の問題として把握する能力不全」に陥る懸念が増大するというのである（以上. 32）。

こうしたリーヴィスの文学の伝統擁護の主張の根底には、オックスブリッジを中心に、これまで王道を歩んできた文学という伝統文化の担い手の間にみなぎっている、滅亡の不安と危機感がある。エリオットはそうした伝統擁護派の精神的バックボーンであった。そして、青春の気概に燃えた若き批評家リーヴィスは、偉大な先輩の「伝統と個人の才能」に打ち出された伝統擁護の精神を守り抜くことこそが、神聖な義務であると信じて疑わなかったのである。しかし、のちの彼の専売特許となったあの毒舌の冴えは、ここではまだ十分に発揮されているとは言えない。それに同じケンブリッジといっても、まったく畑違いの人間ということで、スノウへの言及もない。おそらくリーヴィスにとっては、当時のスノウなど歯牙にもかけぬ存在だったに違いない。彼の当面の標的は、もっぱらウエルズ一派と、彼らの信奉する科学そのものにあったのだから。

(iii) C. P. スノウ

この攻める側、新興の物質主義的科学思想の支持者と、守る側、伝統的な精神文化擁護派の文学者たちの確執は、第二次世界大戦のため、一旦中断されたままになった。しかし、その火種は背面下でくすぶり続けて、いつでも燃え上がる準備が整っていたのである。営々と何世紀もかけて積み上げられてきたヨーロッパ文明が、戦争の魔の手によって為すすべもなく蹂躙され、一朝にして崩壊して行く姿を目の当たりにして、その責任の所在をめぐって相互間の不信はますますつのり、より深刻なものとなりつつある状況では、それも当然なことだった。

そして、大戦後の混乱も一段落のついた1950年代の後半に、それは一気に火となって燃え上がることになる。その火付け役を演じたのは、「ウエルズとわれわれたち」という評論を書いて、ウエルズへのオマージュを捧げたスノウだった。

その評論を書いた当時のスノウはいまだ二十台後半の無名といってよい一介の科学者であった。彼がなぜウエルズに熱い眼差しを注ぐようになったのか、その背景にはまず彼自身の生い立ちが考えられよう。彼はヴィクトリア朝以前からイングランド中部の工業地帯で代々技術工として働いていた一家の出身である。彼の祖父は鉄道の職人技師、父は靴工場で働くかたわら、教会のオルガニストの仕事をし、最後は大学でオルガンを教えるほどの腕の持主だったと言われている。その出身背景がまずウエルズそっくりである。しかも、経済的に極めて不自由な環境に育ち、そのため学歴的には大変苦労をして、レスター大学で理学修士を取得、最終的にケンブリッジの博士課程にまで進み、そこの名門クライスト・カレジの科学研究員として学界での洋々たる将来を嘱望されるまでに至りながら、道半ばで—おそらくは科学者としての自分の才能を見届けたのだろう—作家に転向するという離れ業をやってのけたところも、どこかウエルズとよく似ている。つまり二人とも貧しい境遇を克服して、新しく開かれた科学の世界に活路を見出し、それを元手に執筆業に転出した新しい二十世紀型タイプの“self-made man”だったということである。

しかし、階級制度の厳しいイギリス社会を逞しく這い上がって、その後作家として小説や評論に健筆を揮って成功の王道を歩みながら、スノウはどうしても出自の負い目を払拭することができなかったようだ。それがケンブリッジ学派やモダニストたちなど、彼から見て、エリート意識をふんぷんとさせ、傲慢不遜、知識を食い物に言いたい放題、鼻持ちならぬ作家や文芸評論家連中への、劣等感とないまぜの憎悪心となって、彼の中に徐々に鬱積していったのであろう。

そうした思いが小爆発を起こしたのが、1956 年 10 月 6 日発行の『ニュー・ステイツマン・アンド・ネイション』*The New Statesman and Nation* という左翼系の週刊誌に掲載された「二つの文化」"The Two Cultures" と題する評論であった。これはやがてスノウの名をイギリスのみならず全世界に轟かせることになる、後出の「二つの文化と科学革命」という講演の、いわば予告編と言うべきものであった。内容的にはおおむね後の講演と重複しているが、その主張はよりあからさまに科学を賛美し、文学を冷笑する内容のものであった。「伝統的文化—もちろん主に文学的文化であるが—は急速に力を失いつつあるかのような素振りである。」一方、「科学者は上り坂であり、しかも彼らを社会が後押しをしている」と自画自賛し、さらに調子に乗って「事実、科学文化には、全体的にフロンティア的な性質を多少有している。その基調は、たとえば、堅実にヘテロセクシュアルなものである。ハーウェル（イギリス初の原子力核施設所在地）とハムステッド（左翼系芸術家や文化人の当時たまり場だった所）、さらに言えば、ロス・アラモス（アメリカ、ニュー・メキシコ州、アメリカ初の原子爆弾開発施設）とグレニッチ・ヴィレジ（ニューヨーク市、マンハッタンの芸術家のたまり場）の社会習慣の違いには、人類学者だって目をパチクリさせるだろう。科学文化には—局外者には驚きかもしれないが—猫かぶりして横目使いにものを見るというところはない」と、ハムステッドやグレニッチ・ヴィレジなどに集まるホモセクシュアル、ゲイの芸術家集団へのあからさまな性的当てこすりをやって見せた。この性的揶揄がいかほど品性に悖る下劣なものであるにしても、私たち日本人から見ればさらに許しがたいことは、ここで彼がいずれも核開発基地であったハーウェルとロス・アラモスを科学文化の頂点として、聖域に祀り上げていることであろう。彼には、この科学の最新技術がいかなる残酷非道な殺戮手段として戦争に用いられるに至ったか、その真実を把握する能力がまったく備わっていなかった。そしてそれを悲劇として感じ取るだけの感受性も持ち合わせていなかったようだ。

このような原子力文化への信仰にも似た賛美の感情は、次に彼が1958年、『アトランティック・マンスリー』*The Atlantic Monthly* に発表した「ラザフォドの時代」"The Age of Rutherford" という評論にもはっきりと表明されている。これはスノウがケンブリッジ・キャベンディシュ研究所 Cavendish Laboratory で直接指導を受けた、原子物理学者でノーベル賞受賞者のアーネスト・ラザフォド Ernest Rutherford（1871-1937）に捧げた思い出の記であるが、彼の恩師への思いには、ラザフォドがニュージーランド出身の職人の家に生まれた貧民の出であるにもかかわらず、イギリス原子力開発の父と呼ばれるに至ったヒロイックな生涯を、ある種現代の叙事詩の主人公を仰ぎ見るような熱い憧憬の気持ちを込め書き綴ったものである。このスノウの恩師への敬慕の思いが、当時の弟子の一人として「彼〔ラザフォド〕の見守る中で、科学・技術産業革命が、加速的に進歩するさまを見て、それが人類に害よりも比較にならないほどの善をもたらしつつあると、信じない科学者を見出すことは困難だった」(*A.M.* 102, 79) という、彼のナイーヴと言えるほどの、揺るぎない科学への信仰を生み出したのである。結論から先に言えば、このような安易な科学への楽天的信仰に燃え、現実を十分に把握する能力の欠如した人物を、時代文化を論ずる重大な基調講演の講師に選んだということが、ことの成行きにもせよ、そもそも大きな誤りだったということである。

(2) スノウの講演—『二つの文化と科学革命』

スノウの講演 "The Two Cultures and the Scientific Revolution"（のちに単行本として出版）は、1959年5月7日、ケンブリッジ大学の評議員会館で、大学のお歴々を始め、大勢の研究者、学生を前にして行われた。彼が招かれたのは「リード講演会」(Rede Lecture) という、1858年に創始され以後年に一度ずつ、時の人を招いて催される、大学の重要な伝統行事のひとつである。つまり彼もその格式と権威のある講演会に招かれる大物になったということ。それも当然かもしれない。彼は1930年代から小説に手を染め、40年以降次々と発表をつづけた、自伝的色彩の濃い大長編連作小説『他人と兄弟』*Strangers and Brothers*（1940-70、全11作）が人気を呼んで、流行作家のひとりとなり、今やナイトにも叙せられ、サー・チャールズと称号付きで呼ばれる、押しも押されもせぬ名士となっていたからだ。ちなみに、かつてマシュー・アーノルドが1882年、T. H. ハックスリーの挑戦を受けて、文学の権威を代表して「文学と科学」と題する反論の講演を行ったのも、このリード講演会（第六章（3）参照）でのことであった。それから80年ほどの年輪を経て、同じ舞台が同じ文化を論ずる場となり、同じ文学と科学の論争の場となる。何とも奇しき因縁である。しかし、今回は科学の立場に立つものが、主役の座を勝ち取り、文学に対し批判の刃を揮う。この双方の立場の逆転も、時代が大きく変ったことの証しと言えるのではなかろうか。

スノウがこの名誉ある講演会のために用意した演題は、これまで見てきたように、特に目新しいものではなく、彼が長年持論としていたことだった。イギリス最新の科学的知識の所有者としての自らの識見に、限りのない自信を抱いていた彼のこと、第二次世界大戦以降の急速な科学進歩に適応できないで困惑する文学者たちに、嘲りの矢を放ち、長年の積もりに積もった恨みのほどを晴らすには、これぞまさに絶好の機会だった。「二つの文化と科学革命」というテーマは、その意味でも彼にとってまことに時宜を得たものに思えたに違いない。

その講演でのスノウの表向きの主張点は、今日人文科学と自然科学の方向が大きく乖離してしまって、この厳しい科学革命の時代に対応できないでいる、この分裂した状況をいかにして調和に導くか、ということであった。あるところまでは、T. S. エリオットの『文化の定義に向けての覚書』（1948）（不思議なことに、この講演にはエリオットのこの作品への言及はまったく見出せない。当然知っていたと思うのだが、なぜだろうか？）と同一の歩調で歩んでいたと言える。スノウの言葉をそのまま引用すると、「私は西洋社会全体の知的生活は絶え間なく二極に分裂しつつあると思います。〔……〕一方の極にインテリ文学者たち（literary intellectuals）がいて、その対極に科学者がいる。その中でも代表的なのが物理学者たちです。この両者には相互間のコミュニケーション不在と言う大きな溝があります。そして時に（とりわけ若い人たちの間では）、敵意と反感が、でもほとんどの場合に、理解力の欠如が見られます。〔……〕それぞれの態度はあまりにも違いすぎていて、情緒レベルでさえ共通の場を見出せないでいるのです」（Snow, 3-4）と。まずは公平な立場を取ることで、科学者、文学者双方の無関心振りを嘆いて見せ、無難なスタートを切った。しかし、根がナイーヴな性格である。地を長く隠しおおすことはできない。次第に彼の立場は鮮明なものになっていった。そして、ほどなくして、その批判の矛先は、はっきり彼のいわゆる「インテリ文学者」へと向けられるようになってゆくのである。

> では〔科学者と〕反対側の立場の人々はどうでしょうか。彼らもお粗末なものです。でも、おそらく事情はより深刻です。なぜなら、そのお粗末さぶりを鼻にかけているからです。彼らはいまだに伝統文化こそが「文化」のすべてであると言いたがっています。まるで自然の秩序が存在しないかのようです。そんな自然の秩序の探求なんて、何の価値もなく、結果を伴うものでもなく、まるっきり興味ないものかのようです。〔……〕それはまるで知的経験の広大な広がりのなかにいて、グループ全体が音聾になってしまったようなものです。〔……〕
>
> そして音聾の人たちと同様、彼らは失っているものの大きさをわかろうとしません。イギリス文学の主要な作品を読んだことのない科学者の話を聞いて、哀れむような忍び笑いをもらし、そんな科学者たちを、無知な専門家として見捨ててしまうのです。でも彼ら自身の無知と専門馬鹿振りだって、それと負けないくらい驚くべきものです。私はこれまで幾度となく、高度の教養を備えていると思われている人たちの集まる会席に出席していて、彼らが、伝統文化の基準に照らして、科学者の無学ぶりは信じがたいものだと、いかにも楽しげに話しているのを聞きました。〔……〕一二度私は腹に据えかねて、あなたがたのうちのどれくらいの人が、「熱力学の第二法則」（the second law of thermodynamics）を説明できますか？と尋ねたことがあります。答えは冷たいものでした。また否定的なものでもありました。でも

私は「シェイクスピアの作品をお読みになったことがありますか」と、科学者に問いかけるのと科学的に同じ意味のことを尋ねていたのです。（同、14-15. 傍点部分原文イタリックス。）

この引用に登場する「熱力学の第二法則」とは？読者の中でこの質問に答えられる人は、どれくらいいるであろうか？インテリ文学者のはしくれを自認している私は、正直、スノウの予想通り答えられなかった。私のその後に理解した限りで簡単に言えば、特別な条件を加えない限り、熱は高温の物体から低温の物体に伝わり、その逆の変化は起こらないという、ごく常識的なことなのだそうである。だが、その法則を知っているか否かと、シェイクスピアの作品を読んだか読まないかを同列に論じると言うのは、これはどう考えてもおかしい。一方は学習によって習得できる物理法則の知識で、それ以上のものでも、それ以下のものでもないだろう。対してシェイクスピアの作品を読んだか否かということは、知っているか知らないかという知識の問題ではない。読んだ人の経験の問題である。人それぞれの経験の違いによって、当然「読む」という行為も内容も異なってくるものである。この常識的区別がつかないとは！はしなくもスノウはここで自分の文学への無知ぶりを露呈してしまっている。そしてその論理的欠陥を、やがてリーヴィスに徹底的に突かれることになるのである。*

（＊4年後に発表した「『二つの文化』再考」で、スノウは「熱力学の第二法則」が不評であったことを半ば認め、「分子生物学」と言ったら、もう少し一般になじみのあるものになったのではないかと、反省しているが、問題は単なる名称の問題ではないことを、彼はまだ全然理解していないようである。）

スノウはこれだけでは飽き足らず、さらに語気を強めて「もし私たちが科学文化をおろそかにすれば、ほかの西洋のインテリたちは、産業革命をけっして理解しようとしなかったでしょうし、したくもなかったでしょうし、できもしなかったでしょう。ましてや受け容れることなど、できはしなかったでしょう。インテリ、とりわけインテリ文学者たちは根っからのラッダイトたち（natural Luddites）なのですから」（22.）と口を極めて罵倒した。「ラッダイト」とは、産業革命当時、自分たちの手から仕事を奪い取った元凶は機械だとして、機械の破壊活動に走った一部の職人労働者たちに与えられた名称である。その由来は、1780 年ごろ、たまたま自分が働いている工場の織物機械を破壊し、その後の破壊活動のきっかけを作ったという、ネッド・ラッドという一労働者の名前に由来するものだそうだが、要するにスノウは、文学者などと言うものは、生来の文化破壊者であり、産業革命という科学革命にいたずらに抵抗をし、文明の進歩を阻害してきた張本人だと言いたかったのである。

これは極めて粗暴な、もちろん歴史的事実を無視した主張である。利益追求にひたすら暴走をつづける産業革命に歯止めをかけ、秩序ある方向へと導いたのは、むしろカーライルやディケンズなど当時の文学者たちであって、もし彼らの社会正義に発動された厳しい批判がなかったならば、産業革命は留まるところを知らず、さらなる暴走を続けたであろう。不当な搾取・虐待に喘ぐ労働者・貧民の救済のための 1840 年代以後、次々に打ち出された労働法や衛生法の改正などは、彼らの地道な活動なくしては成立し得なかったであろう。しかし、スノウに言わせれば、これはまったく不当な邪魔立てだった。

スノウの歴史認識によれば、現代の科学革命は、この十八世紀以降の産業革命の延長線上にある。そして、その現代版科学革命を「第二の科学革命」と呼び、その始まりを原子素粒子が最初に産業に利用されるようになった三、四十年前、つまり 1920 年代に位置づけようとする。彼にとって、原子力は夢の科学だった。「電子機器、原子力、オートメーションの産業社会は、それ以前のいかなる社会とも本質的に異なるものであり、世界を一層変革するものでありましょう。私の見方では、この変革こそが「科学革命」の名前に値するものであります」（30)。そしてその進歩を阻害するものは、ここでも科学に無知、無関心なインテリ文学者であると、改めて批判したのである。*

（＊しかし、もし彼があの広島、長崎に落とされた原爆の恐ろしい惨状について少しでも認識していれば、一度でもよい、広島の原爆記念館を訪れて、被害のむごたらしさを直視することがあったならば、おそらく彼の唱える科学革命のもつ意味について、まったく異なる考えを導き出したかもしれない。科学革命がいかに人類破滅の危険をはらんだ革命であるかを。改めて西洋人と日本人の原子力問題に対する意識の落差を思い知らされるのである。）

スノウによれば科学革命は歴史的必然である。しかし、現代の科学革命に対応するためには、第二次大戦以前のような理論科学の研究だけでは不十分で、上に挙げた例のように、原子力やオートメーションのような応用科学分野の開発と、そのための高等教育機関の充実こそが、緊急の課題であると訴える。イギリスは明らかにその点で、ソヴィエトやアメリカに遅れをとっていると言うのである。将来このような先進的な教育を受け、なおかつ人格的に優れた技術者が、次々と世界中に羽ばたいてゆき、世界中に深刻な問題を生みつつある貧富の格差の解消に尽力して、初めて科学革命は究極の目標に向けて歩を進めるようになるのだと。そして、この講演を彼はこのような言葉で締めくくった。

その間、思慮深い人々の能力を越えてはいないところで、色々と取るべき手立てはあります。教育はこの問題の全面的解決ではない。しかし、教育なくしては、西欧世界は競争を始めることすらできないのです。すべての矢は同じ方向を指しています。私たちの文化の溝を埋めることは、実際的な意味で必要であるだけでなく、もっとも抽象的、知的な意味で必要なことなのです。これら二つの意味が離れ離れになったとき、社会は賢明にものを考えることができなくなります。知的生活のため、わが国の特別な危険を防ぐため、貧しい人々をさし置いて不当な豊かさを享受している西欧社会のため、もし世界に英知があれば、貧しく生きる必要のない貧しい人々のために、私たち、アメリカ人、そして西欧の人々すべてが、新鮮な眼差しで教育を見ることが義務なのです。(50.)

(3) リーヴィスの反論

この講演はその直後から反響を巻き起こした。予想通り賛否両論、さまざまな意見が飛び出したが、それが本格的な議論の火種となったのは、その講演が同年『エンカウンター』誌 12-13 合併号（59 年 6-7 月）に同じ題名で連載され、一般読者の目に触れるようになってからである。さらに『エンカウンター』は、反響の大きさに目をつけ、早速同年 8 月号に「二つの文化―C. P. スノウの意見を論ず」"'Two Cultures': A Discussion of C. P. Snow's View"と題する誌上シンポジュームと言えるようなものを企画し、そこに当時すでに 87 歳の高齢になる哲学者バートランド・ラッセルを始め、文芸評論家ウォルター・アレン、歴史家 J. H. プラム、社会科学者デイヴィッド・リースマン、ほかに科学者、芸術家など、斯界の権威者六人を糾合して、スノウの講演へのそれぞれのコメントを寄せてもらった。アレンのように、科学革命によって二つの文化の統合が可能になるほど、ことは簡単なものでないと、多少批判的な意見もあったが、全体としてはおおむね好意的な評価であった。

その後この講演への反響はますます拡大して、「二つの文化」という言葉は、（日本流に言えば流行語大賞候補になるような）コピー・ワードとなって当時の話題をさらったが、上に挙げた天下のお歴々の賛助発言は、いわばスノウの文壇における地位にお墨付きを与えたようなもので、彼の文化評論家としての将来も、これで確約されたかのように思えたのである。しかし、それは嵐の前の静けさ、中休みに過ぎないものだった。

スノウの講演から三年近い歳月が経ち、一旦は収まりかけていたこの話題にふたたび火を焚きつけたのが、F. R. リーヴィスである。 彼もスノウと同様、『スクルーティニー』の編集だけでなく、『再評価』*Revaluation*（1936）、『大いなる伝統』*The Great Tradition*（1948）など、文学評論集を次々に発表、今や第一流の文芸評論家として、文学批評の世界では知らぬ者のない大物の一人と目されるようになっていたが、同時に彼独特の辛辣な批評は一段と磨きがかけられ、とかく文壇で物議をかもす問題の人物としても有名になっていた。そんな彼のことである。おそらく同じケンブリッジ出身の先輩として、スノウの講演録を読んだときから腹にすえかねて、その思いのたけを爆発させる機会を虎視眈々と狙っていたに違いない。1962年2月、彼がケンブリッジ大の講師職を退任する直前、「リッチモンド講演」（Richmond Lecture）と呼ばれる講演会に招聘されたとき、その待ちに待った機会が、ついに巡ってきたのである。

それは「二つの文化だって？ C. P. スノウに意味ありや否や」“The Two Cultures? The Significance of C. P. Snow”（のちに単行本として出版）と、あえて講演の原題タイトルを掲げておくが、“Significance” という言葉に込められた皮肉な裏の意味（「人間的に取るに足らなさ」）からも想像できる通り、その攻撃たるや、単なる批判の領域を越えた、相手の人格を誹謗して憚ることのないすさまじいものであった。たとえどんな論敵であっても、一応は「サー・チャールズ」と敬称を奉って相手に敬意を表するのが、評論家としての節度というものだろうが、リーヴィスの場合、それは最初だけ、あとはすべてスノウと呼び捨てである。

> スノウは実際信じられないくらい無知です。彼は友人の文学者に、彼らが答えられないだろうと知った上でテストを持ちかけて、自分はそれをやすやすと解いて見せ、彼が、科学者であるにもかかわらず、文学について持っている知識と比べ、彼ら文学者が科学に関して、嘆かわしいくらいの教養しか持ち合わせていないことを暴露してみせることは、間違いなくできるでしょう。また彼が機械・器具の定義ができ、熱力学の第二法則について解説できることも疑いません。〔……〕しかし、歴史について、文明の本質について、その最近の発達の歴史について、産業革命の人間の歴史、革命の内包する人間的意味について、文学について、人間の共同作業による創造活動―文学はその典型です―といったものの本質について、スノウは完全な無知ぶりをさらけ出して、一向に気にとめる様子もないと言っても過言ではないでしょう。（Leavis, 9-10.）

と、まずはスノウの人格の全面的（カテゴリカル）な否定から始め、リーヴィスの矛先は、次に露骨な人身攻撃へと進んでゆく。大体スノウという男は科学者・小説家を名乗って、二つの文化に通じた人間を自称しているが、一体科学者として、また小説家としてどれほどの仕事をしていると言うのか。彼の小説など、陳腐で読むに耐えないものではないか。伝統的文化についても現代文学についても、ごくごく浅薄な知識しか持ち合わせていずに、それで文学者たちを無知蒙昧な「ラッダイト」呼ばわりするとは、笑止千万、片腹痛い。彼の思想には独自の思想と呼べるものはなく、「かつて見たり聞いたりしたフレーズに曖昧な記憶で無意識に依存している」、つまり「きまり文句」(cliché) を並べただけで、彼のいわゆる「文化」なんてものも、所詮そんな「きまり文句」のひとつにしか過ぎないものであると、吐き捨てたのである (16)。

リーヴィスから見れば、スノウのこうした「知的欠陥」は文化を論ずるときに、一層のこと歴然としたものとなる。たとえば、彼が「科学的文化は実際に知的な意味ばかりでなく、人類学的意味においてもひとつの文化である」と言うとき、リーヴィスがそのコンテクストを調べる限りでは、スノウが「人類学的意味」と呼んでいるのは、つまり、いちいち細かなことを言わずとも「彼ら〔科学者たち〕はそれについて考えることをせずに、同じような反応をする」、つまり自然の意思疎通が可能だというところから、それを「人類学的」と呼んでいるだけで、それ以上の意味はどこを探しても出てくることはない。(Leavis, 17. Snow, 9-10 参照) また熱力学第二法則とシェイクスピアを同列に論じた大変に有名になった下りについても、リーヴィスは「この問題には科学的相対物はありません。これほど本質の異なるものを並べるということは、無意味なことです」(27) と、あっさりと切り捨ててしまった。

確かに時間を隔てて客観的に読むかぎり、スノウの自己満足的楽天性と論理的脈絡の欠如は目に余るものがあり、リーヴィスに徹底的に愚弄されたとしても、やむを得なかったと思う。ただ、リーヴィスの露骨なまでの人身攻撃の背景には、彼自身のスノウの名声への憎悪に近い嫉妬心が秘められていたことは、紛れもない事実だった。まず自分がケンブリッジ大学で赫々たる業績を積みながら、結局最後まで教授の地位に就けなかったこと、また退職するに際しても、彼には「リード講演会」の名誉が与えられなかったことへの不満が、心中に鬱積していて、それがスノウごとき軽薄な輩（やから）にという思いに拍車をかけたに違いないのである。*

（＊ *The Two Cultures?* の Stefan Collini の「序文」（xxix-xliii）に、リーヴィスのその当時の心理状況の詳しい解説がある。この「序文」は、この一連の論争とその背景を克明に記述した大変貴重な文献であり、今回の執筆に際して大いに参考にさせていただいたことを付記しておく。）

ただ、リーヴィスがスノウ批判に終始したかと言うと、けっしてそんなことはない。彼にも文学者としてのプライドがあり、また単なる「ラッダイト」ではない、文学者として「文化」のあるべき姿を明確に提示する責任があることは、十分自覚していた。

科学と科学技術の進歩は、非常に急速であると同時に、前例のないような試行、挑戦と、非常に重要かつ油断のならない結果を伴う決断―場合によっては非決断―を必要とするような、変化に富んだ人間の未来を意味するものです。それゆえ人類は―この点は実にはっきりしていることですが―人間性のすべてにつき、十全で聡明な理解力を持って把握していることが、大切でありましょう。〔……〕私たちが必要としているもの、そしてこれから一層必要とし続けるものは―たとえば経験に強く根ざし、最高に人間的な―もっとも深い生命本能の活力を有し、時間の新たな挑戦に創造的に応えられるような聡明さを有するような―力強さです。それはスノウの言う文化のいずれとも異質なものなのです。（26-27）

またそれは、スノウの言うような「科学的建造物」を建立することでもない。「言語を含めた、人間世界の創造」、過去に頼るだけではない、「現在の変化に創造的に即応して生きて行けるような世界」を建立することである。彼はこの新世界を「第三の領域」と呼ぶ。具体的な例を挙げれば、ひとつの詩があるとする。それに個々の精神が「再創造的反応をしたとき、初めてそれはそこに存在する」ことになる。この「なにかそこにあるもの

（something ‘out there’）を掴まえることこそが」、リーヴィスに言わせれば、「英文学の本来のあり方であって、またそれこそが、個人の創造的反応のなかで、生きた現在にだけ生命力を持つことのできる、生命ある全体像を与えてくれるものなのです」（28）ということである。この「生命ある全体像」を把握することは、科学の容喙することの絶対にできない神聖な領域なのである。ひとつの詩に、現実のすべての本質を見る。これは、リーヴィスのいわば文学への信仰告白と受け取ってよいものであろう。そして、彼はこのような文学研究の場としての英文科の限りない成長の期待を込めて、講演をこう結んだ。

この第三の領域の本質と優先性を認識できるようになるのは、文学研究、まず第一に自国の言語文化研究なのです。〔……〕私はスノウ同様、大学に期待しています。でもスノウとは異なり、私の関心は、大学を真の大学にすること、専門学科を並べただけ以上のもの―（すなわち）見識、判断、責任といった人間意識の中心に据えることです。おそらく、私がどのような方針に基づいて、大学の中心部に血の通った英文科を置くことを正当化しようとしているか、これで十分に示せたと思います。〔……〕私は、いかにしてこの英文科が、大学内に文明に貢献するための意識の（そして良心の）中心を創出するかについて、これ以上言うつもりはありません。ただこれだけは言っておきましょう。それは、ケンブリッジがいつの日か、日曜版新聞・雑誌の文化が、われわれの時代に考えられ知られている最上のものを代表しているなどと思わない場所になりうることは、想像できないことではないと言うことです。（28-30, 傍点 論者）＊

（＊弁解するようだが、リーヴィスの文章は極めて難解・晦渋であって、翻訳するのが実に厄介なしろものである。これが彼のスタイルだと言えばそれまでだが、まるで自分の言葉に酔っているような、そんな印象すら与える。もし彼がこの原稿をそのままの形で読んだとしたら、講演を聞いて、どれくらいの人が、その内容を正確に把握できただろうか。その点、スノウの表現は単純明快、疑問の生じる余地がほとんどない。この二人の講演を比較して、その内容の是非はさておいて、文学が世間から疎んじられてゆく理由の一端が、ここに歴然と表われてきているように、私には思えるのだ。）

ここで傍点を打った部分は、もちろんアーノルドの有名な言葉をもじったものである。彼はここで改めて、アーノルドなどの先輩の敷いたオックスブリッジの伝統的《教養・文化》への関心の回帰を訴える、その一方で、現在のケンブリッジ大学の研究者たちが、たとえば『日曜版タイムズ文芸附録』*The Times Literary Supplement*（1902-74）などのジャーナリズムからの文化吸収だけに満足している状況への、皮肉な置き土産でもあった。すでにそれほど軽薄なジャーナリズム文化は、大学の聖域を侵略し始めていることを、リーヴィスも認めないわけにはいかなかったのである。そのためにも文学、特に英文学の主権の回復は、彼にとって切実な課題だった。またそのためにも、スノウのような軽薄な「科学文化」に対する伝統的「文学文化」のアイデンティティの宣言は必要だった。そこに彼の文学者としての矜持と信念が情熱的に吐露されて、それが彼をして、ついスノウへの過激な個人攻撃に走らせたと、私は彼の文学に賭ける真情を慮って、そう善意に解釈したいのである。

しかし、この「リッチモンド講演」は、リーヴィスの非紳士的な歯に衣着せぬ言説のゆえに、アーノルド vs. ハックスリーの論争で表面化した文学と科学の文化的断裂の兆候が、もはや修復不能な亀裂となって拡大していることを、知識人だけでなく、一般の人々に強く印象づける結果となったことは間違いない。十九世紀以来の、伝統的な知的教養人の紳士的フェアプレイの精神に則った秩序ある論争は、もはや過去の伝説となり、これを契機に文化論争は燎原の火のごとく燃え盛りゆき、さまざまな領域に拡大・波及してゆくことになるのである。

(4)　論争の残響

しかし、科学文化の侵略に対する危機意識の命じたものとはいえ、このリーヴィスの個人的感情の毒をふくんだあくどい（とりわけ前半部分の）発言は、講演直後から彼の意見に反対する側だけでなく、賛成派の側からも品性がないという批判の総攻撃を浴びることになった。逆に文学を中心とした教養主義の伝統の擁護者として、彼の言葉を止むにやまれぬ思いで発したものと受け取って、共感を寄せるものも少なくなかった。

その代表的な例としてそのうちの一人だけ、ライオネル・トリリング Lionel Trilling（1905-75）をここに挙げておこう。彼は文学のみならず心理学、社会学、哲学に精通し、つねに中庸の精神を心得た現代のヒューマニストの代表として、二十世紀後半のアメリカの評論界をリードした偉大な文芸評論家の一人である。そんな彼がリーヴィスの講演の半年後(1962)、『コメンタリー（論評)』という雑誌に「リーヴィス・スノウ論争」“The Leavis-Snow Controversy”（彼の評論集『文化を越えて』*Beyond Culture*（1965）に収録）という論文を寄せた。彼は論の冒頭で、アーノルドがかつて「文学と科学」を講じたとき、「現代にふさわしい教育が、圧倒的に科学的、科学技術的なものになるに違いないという信念を強く支持する人はなかった」こと、また「単なる実用的な研究を優先し、過去の「貴族的」教育を劣等視しようとする産業中心の民主主義的傾向に警告を発している」（Trilling, 126）ことは、当時の聴衆にも確実にわかっていたはずだということ、そして、「リーヴィス博士が教育に置ける人文学の優先性を主張するとき、彼はアーノルド以上に文学に徹底して肩入れをしたが、全体としての立場は同じである」（128）ことを認めて、まずはリーヴィスが伝統的な人文学の継承者であることを容認した上で、厳しいリーヴィス批判に取りかかるのである。「リーヴィス博士のサー・チャールズ〔・スノウ〕の扱い方に異論があろうはずはない。まず口のきき方が悪い。許しがたい口のきき方だ。残酷であるがゆえに、人間的な意味で悪質だ。明らかに人を傷つけようとするやり方だ。リーヴィス博士はそんなやり方をすることで、彼が解明しようとしている事柄から、彼自身を含めて注意を別方向にそらしてしまった」（130-31）と。だからと言って、リーヴィスばかりを責められないだろう。「リーヴィス博士が『二つの文化』に答えて、特に激烈な口調で語っているとしても、「リード講演」は彼〔リーヴィス〕がこれまで文学について信じてきたことすべてを、〔スノウが〕それも極端なやり方で否定しているからだ。〔……〕文学を、それがあからさまな人生批評（criticism of life）であるときはとりわけ、国民の幸福に危険なものとして描いて見せているからだ」(130-32)。

このトリリングの引用のなかで注目すべき点は、最後の「人生批評」という言葉である。というのは、この言葉は先のリーヴィスの講演の最後の一節同様、マシュー・アーノルドのとくに愛用したフレーズのひとつであり、この「リーヴィス・スノウ論争」は、実は科学 vs. 文学を論争の原点となった T. H. ハックスリーとアーノルド間の論争の延長であることに、改めて私たちの関心を促してくれるものだからである。この文学の伝統的基盤にスノウがケチをつけたこと、この点が、まず文学の伝統の尊厳に絶対的信念を抱いていたリーヴィスの感情を逆なでにして、彼の憎悪心を増幅させたと言うのである。

しかし、とトリリングは言葉を続ける。リーヴィスは細かなことにこだわり過ぎて、結局スノウの講演の全体的誤りに関心を集中することができなかった。たとえばアウシュヴィッツのような、現実の政治と科学の関係にスノウが触れたときに、彼はそれにほとんど関心を示すことはなかったと。*

＊私たち日本人の立場から見れば、広島、長崎に二人とも何の言及もなかったこと、これも同様に問題である。ユダヤ人の血を引くトリリングにしてみれば、この現実のユダヤ人の悲劇はけっして容認することはできなかったであろう。では日本人の被った被害はどうか？これも同様に極めて重要な問題ではないだろうか。彼らが意識的かどうかは知らないが、この人種問題をタブー化して、目をそらしていること、これがやがて西洋的偽善としてスタイナーなどから厳しく指弾されることになるのである（次章参照）。

トリリングに言わせれば、アウシュヴィッツのようなこと政治問題へのコミットメントを論じだすと、科学者と文学者の間には、奇妙なイデオロギーの傾向的相違が生じてくるようになる。科学者はより左翼的であり、ソヴィエトにより共感的であるのに対し、現代作家は、（エズラ・パウンドのような極右主義者は別としても）エリオット、ジョイス、ロレンスなど、いずれも心情的に保守主義的傾向が強いところが共通している。彼らは生活の場では政治問題に無関心を装うか、はっきり冷ややかな態度をとることが多い。ところが現代文化の特徴は、「個々の形態や様式ではなく、社会そのもの、社会の本質を吟味すること」であって、人生批評は今やその極点にまで広がっているのである。現代文学の一見冷淡なポーズを見せながら、実際には社会の内奥に踏み込もうとする特徴に理解を示さず、スノウのように道徳的、社会的見地に立って、いたずらに文学を批判するばかりで、文学の価値そのものまで拒否することは、偏狭のそしりを免れないであろうし、また一方、リーヴィスのように文学の優位性を強調するあまり、スノウの考えを下品だ、時代遅れの「ウエルズ流」のえせ科学だとののしるばかりでは、これも反社会的という批判を免れないであろう、と。

それに、そもそもこの論争を買ってでるのには、リーヴィスは不適格なのだとトリリングは断言する。彼にはもともと、スノウと同じく中流階級中の下の出身で、たとえばお上品ぶったブルームズベリー・グループのような文化人に対しては、スノウと同様、ピューリタン的な激しい憎悪心を抱いていた。二人は一見、まったく両極端に位置しているようで、実はよく似たもの同士、トリリング流に言えば、十七世紀のクロムウェル革命当時の、王党派に激しく対抗したピューリタン中心の議会派「円頂頭派」（Roundheads）の大将同士なのだということである。つまり、彼の文学の伝統を愛する気持ちと、スノウの科学を愛する気持ちとでは、どこか通底するものがあるのではないか、彼らの文化論争は、その背景にある共通の階級コンプレックスから生まれてきたもので、見解の相違を生んだのは、結局、その好みの違いということになってしまうのではないか、と。

> 文化の概念は、あらゆる人間の表現や生産物が、社会集団、もしくは下部社会集団の生活における何らかの顕著な傾向の表れであるという前提に始まる。そして、こうして表れてきたものは、また原因となるものである。つまり、あらゆる文化的事実は結果を伴うということである。文化的な言辞で考えるということは、単に人

> 間の表現をはっきり表に現したものや、公にする意図で表現されたものだけではなくて、公開された有形のものの背後に潜む欲望や衝動といったものを認識して、いわば、その秘密の生命のなかで表現されているものを考えるということなのである。〔……〕審美的な様式は、文化の概念には不可欠のものである。われわれの社会集団の判断は、主として審美的基礎に基づいてなされる傾向がある。つまりわれわれは、こうした集団のいわゆる生活様式を好むか、好まないかである。われわれが道徳問題を判じるときでも、二つの道徳観を選択する際に、その条件が対等であるならば、厳しいものか、ゆるやかなものか、選択の基準となるのは、結局審美的なものとなりがちである。(151)

そして、トリリングはこの二人の論争にこう判決を下したのである。「文化的思考様式は、他の思考様式と同様、独特の危険を有していることは当然である。しかし、文化的思考様式がどの程度極端に走り、歪曲されうるものか、共同して証明したのが、サー・チャールズ・スノウとリーヴィス博士であったということが、驚き、かつ残念に思う理由である」(154) と。

トリリングの文化的思考様式が、基本的に好き嫌いといった個人の「審美的」感情に依拠しているという主張には、異論が生じたとしても不思議はないだろう。事実、彼の批判記事が発表された翌年、1963 年にはマーティン・グリーンなる人物の反論－「ライオネル・トリリングと二つの文化」が『批評と評論』誌に掲載された。しかし、私はこれ以上この論争に深入りはしないことにする。それは、ある意味で、底の見えない穴に足を突っ込むようなものだからである。

はっきりしていることは、スノウとリーヴィスの「二つの文化」を巡っての論争が、十九世紀後半のアーノルド - ハックスリーの論争以来連綿とつづいてきた文学と科学の対立を、もはや修復不能なまでに決定づけたということと、《文化》という概念そのものが、いつの間にかアメーバのように分裂・増殖・膨張をつづけ、気がつくとだれにも収拾のつかないほど巨大なモンスター概念になってしまったということである。しかもその内部では、絶え間なく、好みの集団・組織が結成され、その接尾語に文化という名前を付することによって、それぞれの独自性を強調しようとする。それはまるで、比喩は大げさだが、宇宙生成のミニ版のようなものである。もはやそこにはかつてのような《教養》の概念は、どこを探しても見つからない。《教育》という概念も、言葉としては存在しても、種々雑多な文化に翻弄されて、正直のところ、実効力を半ば失いかけている。では《文化》は今後どのような進化（退化？）の道を辿るのだろうか。

第九章　彷徨する《文化》、そして散乱・消滅

(1)　スタイナーの文化史再検討―『青鬚の城にて』

ただ話は前章の文化論争で終わったわけではなくさらなる展開を見せる。1971年、ケント大学において衝撃的な講演が行われた。それが本論第七章の末尾において触れられたジョージ・スタイナーの『青鬚の城にて―文化の再定義へ向けての覚書』*In Bluebeard's Castle: Some Notes Towards the Redefinition of Culture*（同年単行本として出版。以後『青鬚の城』と略記。本論での言及は原書の頁数のみにて示す）である。この本の副題を見ても明らかなように、一応は「T. S. エリオット記念講演」に招聘された手前、偉大な先輩に敬意を表して表向きは『文化の定義へ向けての覚書』（1948）の再構築をした、いわばそれのオマージュ的講演の体裁を取ってはいるが、率直に言って、これは先輩作家への明確かつ痛烈な批判の演目であった。ただそれだけではない。それと同時に西欧の《文化》全般、いや文明そのものの未来の命運を問う壮大な展望を披歴した、いわば予言の書である。だがそれは必ずしも楽天的未来を予告するだけのものではない。過去100年以上にわたって西欧文明が培ってきた伝統的《教養主義》の母体と、それの発展した形態の《文化》の観念が分裂し、崩壊し、消滅してゆく過程を辿る極めて悲劇的暗示を孕んだ予言的表明だったのである。

(i) 十九世紀の裏側―闇の世界

まずスタイナーはこの講演の冒頭でエリオットの『覚書』をあからさまに「魅力のない本」(3) と言って切って捨てる。なぜならば作者が提示した解答は、混迷を極める文化論の現状を憂い、それに何らかの秩序の回復を図ろうとする意図が期待通りに反映されていないからである。エリオットは以前本論第七章で詳しく語っているように、《文化》が伝統的にキリスト教に強く依存し、それと融合・共存したものであった。私たちはその原点に回帰し、それを「生活の一様式」としなければならない。それが新しい《文化》の要諦であると説いた。しかしスタイナーは伝統文化とキリスト教との関連性を

認めつつも、やがてその関連性の有する否定的側面を糊塗しようとする作者の偽善性も糾弾するようになるのである。その理由として彼が指摘するのは、エリオットが『覚書』の中でナチス・ドイツがアウシュヴィッツその他のユダヤ人強制収容施設で犯した残虐非道な殺戮行為に（少なくとも講演の際には）一言も言及しなかったことである。敬虔なキリスト教徒であったはずのエリオットが、当然その事実を知っているはずなのに、あえて語ろうとしなかったのはなぜか。それがユダヤ人の血を引く彼には許せなかった。彼は 1929 年パリで生まれそこで育った。そして 1940 年、いまだ少年のころ父親の機転で命からがらフランスから脱出してアメリカに渡った恐怖の体験の持ち主である。『覚書』の作者がこうしたユダヤ人虐待の事実をことさらに隠蔽するのは、やはり偽善と取られても仕方がないであろう。これが端的に言ってスタイナーのエリオット批判の根底にある意識だった。

しかしどうしてナチスのような残虐行為が現実にまかり通ってしまったのか。その根底には様々な要因が考えられる。そうした背景につき著者は『青鬚の城』の第一講「大いなる倦怠」“The Great Ennui” でまず十九世紀に遡って原因を詳らかにしようと試みる。「歴史の中で占めている位置について、私たちが現在所有している経験や判断は極めてネガティヴなものですが、この意識が私の『十九世紀の神話』、あるいは『自由な教養文化の理想的庭園』と命名したいものに絶えず抵抗しています」（4-5）と、いきなり私がこれまで延々と辿ってきた《教養主義》の歴史、いわばその聖地に観察のメスを入れようとする。そしてこう続けるのである。「もし私たちが歴史家、特に左翼系の主張に耳を傾けるならば、この『空想的庭園』なるものは、単なる虚構に過ぎないものであることを、早速に学ぶことでありましょう。つまり高度の礼節の表面には社会的搾取の深い亀裂が走っていること、ブルジョワ階級の性的倫理はベニヤ板のようなもので、混沌とした偽善の広大な領域を糊塗するものでしかないこと、純粋な読み書きの能力の基準は少数者にのみ適用可能なものであること、世代や階級間の憎しみはしばしば沈黙はしていても、根深いものであること、〔等々〕であります」（6-7）。結局のところ十九世紀そのものがこうしたノスタルジックな想像の責任を負っているのであって、文明、とりわけ科学文明の進歩を謳い上げたテニソンの「ロックスリー・ホール」やマコーレイの科学の限りない新たな発展を賛美した「ベイコン論」（本論第四章（1）参照）などはすべて机上の空論であり、涙ぐましい自己満足の表明であると言うのである。

しかしこの表層部の裏に隠されたものがある。本論の第三章（1）に引用したブラウニングの歌詞の一節「神、そらに知ろしめす／すべて世は事も無し」（『ピッパが通る』上田敏『海潮音』より）の中で女主人公ピッパが歌ったような天下泰平、楽天の世界の背後でこの物語り詩では陰湿な殺人事件が進行していたのである。スタイナーに言わせれば、この真逆な世界こそが社会にあまねく蔓延していた現実である。イギリスは 1789 年のフランス革命から 1815 年ワーテルローの戦いに至る四半世紀以上の間、大陸に燃え盛っていた革命の襲来に怯え、極度の緊張と恐怖に晒され続けていた。その緊張感がナポレオン戦争の終結後一気にほぐれ、その神経の弛緩と安堵感がやがてある種の虚無感を醸成するようになった。そうした独特な感情をスタイナーはフランス語の “*ennui*” という語を用いて表現しようとした。アンニュイ、つまり倦怠感である。これは英語の “boredom”、ドイツ語の “*Langweile*” とは多少ニュアンスを異にする倦怠感を表現する、むしろイタリア語の “*la noia*” に近い一種の不安感、憂鬱感を内包した語感を持つ語であると言う。この時代（1820 年台以降）、社会に挫折感と無聊感、つまりフランス語で言うところの “*désœuvrement*” が徐々に社会に蓄積されつつあった。やがてそのエネルギーは均一化（エントロピー）を加速し、血液中に毒素を培養して、やがて熱病的無感覚症状を生み出すのである。これがコウルリッジの『文学的自叙伝』*Biographia Literaria*（1817）に叙述されている作者の病的な無気力状態の記録であり、シャルル・ボードレール Charles Baudelaire（1825-67）の『悪の華』*Fleurs du mal*（1857）の 76 節にある「漠然たる恐怖」“*vague épouvante*” の原因となるのだ（9-10）と。

これはまさしく本論の第五章、第七章で語ったところの M. アーノルドや T. S. エリオットが青春期に体験した、あの “*Angst*”（漠とした不安）と軌を一にする病理ではないだろうか。あるいはさらに遡って顧みれば J. S. ミルが『自伝』の中で語っている同じ青春期のノイローゼ的虚無感と通底するものであろう。要するにスタイナーの言葉を借りるならば、「社会や知的生活の核となる神経端末に倦怠感と空虚感が一種の沼地に生ずるガスのように濃度を高めていった」のである。さらに続けて、

> 私たちはベンサム的な自信に満ち誇らしげな改良主義のテクストすべてに、この神経的疲労に対する反証陳述を見出すことができます。1851年は万国博覧会（Universal Exhibition）の年でした。しかしまたそれはボードレールが意味深な『地獄の辺土』*Les Limbes* というタイトルのもと、一群の荒涼とした秋の風物を詠んだ詩集を発行した年でもあったのです。私には十九世紀のもっとも忘れがたい予言的な叫びはテオフィール・ゴーティエ（Théophile Gautier, 1811-72）の「倦怠（アンニュイ）よりむしろ野蛮（バルバリ）を」でした。もし私たちがこの執拗な混沌への願望、この疼きの根源にあるものを理解できるならば、私たちの現状と過去のそれを弾劾する理想との因果関係につき、よりよく理解できることでしょう。(10)

> アンニュイは政治的反動とフィリスタイン的規則に逆らえない無能力感であり、新しい旗色、新しい形態、新しい神経症の発見への渇望であって、ブルジョワ流、ヴィクトリア朝流の陰湿な礼儀作法への反抗だったのです。(20)

その結果はどうなるのか目に見えている。スタイナーはこれらの現象が何をもたらすか、『青鬚の城』の第一講「大いなる倦怠」の結論部をこのように不吉な言葉で結んでいる。

> 　これに包含された心理的機能が普遍的なものか、歴史的に局所化されたものか、そのいずれかにしても、一つのことが明白です。それは1900年頃までにイェイツ（W.B. Yeats, 1865-1939）がのちに「血の滲んだ潮流」と呼んだものへの恐ろしい積極性、まさに渇望が生じたのです。外見上は輝かしく平穏なものでしたが、「良き時代」"*la belle époque*"〔1900年から1915年頃の一時期をこう呼ぶことがある〕は恐ろしいほどに爛熟した時代だったのです。無政府主義的衝動が庭園の表面下で危

険なレベルにまで高揚していました。〔……〕ヨーロッパ国粋主義の軍拡競争と募りゆく熱病が、私が思うところでは、この基本となる病気の外見的な兆候に過ぎないものでした。知性と感性が文字通りに浄火の展望に魅了されていたのです。(24)

(ii) 二十世紀前半―「地獄の季節」の到来

こうした地表下の病的症状が顕在化したのが、二十世紀のドイツを中心に、ロシアをも巻き込んでヨーロッパ全土を席巻した二度にわたる大戦であり、ナチスの台頭と彼らの犯した残虐非道な大量虐殺であった。その大戦の津波はアジアに及び、日本の参戦、そして遂にはあの二度の広島、長崎への原爆投下による凄惨極まる殺戮であった。日本だけでも 300 万余の死者を出し、世界では数千万（一説では五千万人余）の戦死者、戦没者、餓死者がこの戦争の結果として生まれたと言われている。ゴーティエの渇望した「野蛮」の時代、これこそスタイナーが『青鬚の城』の第二講で語るところの「地獄の季節」"A Season in Hell" の予言通りの到来である。つもりに積もった地下のマグマがこらえきれなくなって大噴火を起こしたのである。

スタイナーは、そうした悲劇を招来した責任は時の政治指導者、軍関係者はもちろんだが、伝統的文化の擁護者たち、リベラル・アーツ、教養主義の支持者たちにもあるのではないか、と厳しく問いかける。ここには先年華々しい文化論争を繰り広げて話題をまいた C. P. スノウや F. R. リーヴィスへの言及は一切見られない。スタイナーはこの賑々しい話題となった論争についておそらく単なる仄聞としてではなく、かなり詳しく承知していたであろう。そしてその件についてのちに当時の論客たちの交わした論争についても、ある程度は知っていたことだろう。だが彼らは伝統的な文化論の言論空間に留まり、彼らと同世代の犯した非道な残虐行為について一片の反省も見せなかったことで、上述の犯罪者と同罪であり、批判される立場に置かれてもやむを得ないのである。

芸術、知的探求、自然科学の発達、多岐に及ぶ学問領域は、時間的にも空間的にも、虐殺と死の収容施設にごく密着した場所で栄えました。注目しなくてはならないことは、この場所の密着性の意味とその構造です。なぜヒューマニスティックな伝統や行動規範が政治的野蛮へのかくも脆弱な障壁だったのでしょうか？事実、これらの伝統や規範は障壁だったのでしょうか。むしろヒューマニスティック文化の中に全体主義的規則や残虐性に明確な誘導しようとする意図を読み取る方がより現実的なのではないでしょうか？

いかなる文化の定義や道徳的価値観の持続可能性の議論も、いかにしてこれらの疑問を避けることができるのか、私にはわかりません。ヨーロッパとロシアでの約七千万の人間に戦争に起因する死、飢餓、計画的虐殺、それに至るまでの様々な恐怖体験を、問題の核心に置かないような文化論や現状分析は、無責任なことのように思えるからです。(30)

そして追及の手は次第にこの記念講演会の目玉であるエリオットその人に及んでゆくのである。

私自身の感情ははっきり言って複雑です。同様に文化の観念や理想の分析は、1945年にかけてスペイン南部からロシアのアジア国境地帯まで、ヨーロッパで起きた大量殺人の現象学の可能な限り完全な理解を要求するという確信もそれと同様に複雑なものです。

エリオットの『文化の定義へ向けての覚書』がこの問題を直視できなかったこと、実際に、奇妙に上から目線の申し訳的（condescending）脚注〔＊スタイナーはエリオットがこの講演を出版した際に、上記の大量殺戮の記述に短い釈明の注記を添えていると言っているが、私が使用した1962年版のテクストにはその文言に該当するような記述は見当たらなかった。あるいは初版で言及して以後削除したのだろうか。そうだとすればそれこそ問題なような気がするが、残念ながら私の手元には初版のテクストがなかった。〕以外に一言もこのことに言及しなかったことは心痛み、心穏やかならざることです。大戦後たかだか三年しか経っていないのに、人間行動の限界に対する私たちの感覚を間違いなく変えてしまった事実や絵画が山ほど発表された後に、文化についての本を書き、何も言わなかったなんてどうしてできたのでしょうか？あの大量殺戮がキリスト教や、ヨーロッパ史におけるその使命の本質について疑問を提出しているとき、キリスト教の秩序について詳細に論じ、その弁護をするなんてどうしてできたのでしょうか？エリオットの詩や思想の中でユダヤ人の主題に長い間曖昧な態度を見せていたことが何らかの説明を提供するものです。しかしそれでもなお不愉快な気持ちを禁じえないのです。(33-34)

確かにこうしたスタイナーのエリオット批判には一理あるように思えなくもない。私たち日本人にとって広島・長崎のあの地獄絵図と同様に、大戦後のヨーロッパ各地の血生臭い記憶が未だに鮮明な映像となって心ある欧米人の脳裏にこびりついていた当時のことである。エリオットとてその事実を知らなかった訳がないだろう。それだからこそ逆に彼がどうしてこの残酷な歴史的事件に触れないままに済まそうとしたのか、そのことの方がより重要な問題なのではないか。

まず思いつくのは彼がスタイナーのように直接生命の危機を体験しなかったことである。彼の生地アメリカはもちろんイギリスも幸いに第一次・二次大戦の地上戦の惨禍を直接経験することはなかった。確かにイギリスはドイツ軍の空爆から相当な被害を蒙ったし、ヨーロッパ戦線で甚大な人的被害を被っている。アメリカもその点では同様である。だが自らの国土を外敵により蹂躙されることはなかった。直接に肌で恐怖を味わったか否か、この差は重要である。そのことが英米人の戦争体験に、そしてエリオットの『覚書』の内容に大きく影響していることは間違いがない。

そのことを前提として考えると、彼がこの『覚書』の中で《文化》の領域を、イングランド、スコットランド、ウエールズと北アイルランド、つまりイギリスと私たちが一般に呼び慣わしている地域に限定しているのはある程度理解できるであろう。彼はこの講演録の第三講「統一性と多様性：地域」において「もうお気づきになられたでしょうが、私たちはまずブリテン諸島に見いだされる文化の特別な配列にこだわっていることです。考慮すべき相違点で最もはっきりしていることは、いまだに自らの言語を所有しているという点です」(*Notes*, 54)。スタイナーのように問題をヨーロッパ全土に拡散すれば、それは泥沼に足を突っ込むようなものでしかないことを、彼は未然に察知してそれをことさらに避けたのである。

もう一つエリオットが心がけたこと、それは《文化》というものを平面化して捕捉しようとしていることである。アーノルドの場合は極めて上昇志向（*Aufheben*）が強く、《教養主義》をヒエラルキーの頂点に据えようとする強固な意志が読み取れたが、エリオットは《文化》のレベルを平面化し「生活の一様式」（*a way of life*）として捉えようとする。つまり現実社会における既存の現象として把握しようとする傾向が強いと言える。

対するにスタイナーの志向する方向はむしろ下方にある。領域もヨーロッパ全土に及ぶ。汎ヨーロッパ表面下の世界がもっぱら彼の関心事である。『青鬚の城』の第二章「地獄の季節」はそのタイトルが明示しているように二十世紀前半のヨーロッパ全土を席巻した狂気の世界の再認識である。これでもかこれでもかと執拗なまでにさらけ出す陰湿な地獄絵図、それは勘ぐればスタイナー自身の性格内部に潜在しているサド・マゾ的資質を露呈するものではないだろうか。「大量殺戮の場合」と彼は言う。「狂的な報復をすることと視界に迫りくる堪えがたい夾雑物を徹底的に打擲すること、それと同時に大規模な自己を切断する行為であります」。そしてさらに続けて「神学的比喩を用いれば—文化を論ずるに際してそれについて釈明する必要はありません—大量殺戮は第二の楽園喪失を明確に記すものと言えるかもしれません。わたしたちはそれを楽園からの自発的退去と退去後に楽園を焼却してしまう計画的試みとして解釈することができるでしょう」（46）つまり彼に言わせれば、アーノルドやエリオットたち先達が営々として築き上げてきた（彼が名付けて言うところの）「楽園」、つまり《文化》の伝統を二十世紀ヨーロッパ文明は自らの手で葬り去ったのである。そして彼は第二講の結語として、次のように言い残している。

衰退の構造は有害なものです。地獄を必要なものとして、私たちは地上に地獄を建造し、運営する方法を学び取りました。それもゲーテのワイマールから数マイル離れたところや、ギリシャの島々の上にです。いかなる技術もこれ以上に脅威なものはありません。私たちはその技術を手中にし、私たち自らに使用しているのですから、私たちは今や《ポスト・カルチャー》（*post-culture*）の時代にいるという訳です。地上に地獄を配置したことで、私たちは西洋文明の主要な秩序と均整の取れた世界から逸脱してしまったのです。（55-56）

(iii) 二十世紀後半―《ポスト・カルチャー》の時代

前項末尾にいきなり《ポスト・カルチャー》という新語が飛び出してきて読者は戸惑われるかもしれない。この言葉を詳しく解説すれば「旧来の文化に代わる新しい文化」ということになるだろうか。この言葉にはよく《脱・文化》という訳語があてられるが、「脱」という訳語はいささか正確さに欠けるところがある。「脱」という語は「脱ぐ」、「脱がす」、「抜け出す」等々むしろ主体的な意志に主眼を置いた逸脱行為を示唆する言葉であるが、前項末の引用にある《ポスト・カルチャー》は文面から察するに、むしろ受動的に現実のカルチャーの置かれた否定的局面（status quo）を容認しようとする姿勢、つまり理不尽なアナキカルな圧力が働いて導き出された結果であり、その状態と理解すべきだと思えるのである。

このことはこれまで十九世紀以降の私が辿ってきた《カルチャー》の傾向とは全く方向を異にする新しい動きを示唆するものである。思い出してほしい。ミル、ニューマン、アーノルド、さらに二十世紀に入ってエリオットやリーヴィスに至るまでと、《カルチャー》、即《教養》を即是とするような知性には、その動機は様々であっても、その精神構造の内奥にはみな軌を一にするように、つねに自らを止揚しようとする積極的な上昇志向（*Aufheben*）の願望がそこにはみなぎっていた。だがスタイナーの提示する《ポスト・カルチャー》の大戦後の時代には、そのような過去の知性の志向したような直線的方向性は見いだせない。かりに上昇機運があるとしても、飢餓や貧困、人口過剰など様々な負の要因によって停滞を余儀なくされるか、蛇行を強いられる結果となる。要するにこれまで抱いていた進歩への期待は幻想に過ぎないのであり、明るい未来を約束させるものでもない。それに従来のヨーロッパ中心の文明観は、アメリカ、アジア、アフリカなどの植民地文化の独立台頭によって、すでに崩壊しつつあるのが現実なのである。

そこで問題を私たちが特に関心を抱き続けてその歴史を追ってきた《教養・文化》に限って考えてみよう。スタイナーは特に高等普通教育（liberal education）についてこのように語っている。

高等普通教育、十九世紀的文化の組織図の中の古典的ヒューマニズムのイデオロギーは、啓蒙主義の特別な期待から造り出されたものでした。それは多くの段階で提起されております。その中には大学の改革、学校の時間割の改正、基本教育の拡大、廉価本や定期刊行物を介しての高度の知識の拡散です。こうした期待は、ロック的とか、ジェファーソン的とか、それをどのように呼ぼうと結構なのですが、拡大し自明のものとなっていきました。〔……〕しかしそれらの中心的教義は明確でした。つまり個人の感情、知性を涵養することから、その関連する社会において、または社会によって合理的、有益な行動へと自然に進歩するものであるということでした。教育を通じて道徳的、政治的に進歩が叶うという世俗的ドグマは正確にはこういうことだったのです。かつての神学的・超自然的な随意性に基づくものであった自己顕示や倫理的完全への人間的成長といった力学の範疇が、学校教育や公共の啓蒙―公会堂、公共図書館、成人学校―へと移動することだったのです。こうして教室は自由人の寺院であり道徳的公会堂であるというジャコバン流スローガンが、人間の現実と潜在的可能性の間のユートピア的な、究極的には宗教的契約の世俗化につながってゆくことになるのです。(73-74)

本来の理想化された高等普通教育は、たとえばアーノルドの一世代後の評論家シジウィック Henry Sidgwick（1838-1900）が説くところによれば、「その目的として最高の教養（culture）を授けること、若者たちを最も充実し活気に満ち溢れ調和のとれた訓練へと導くものでなければならない」のであり、なおかつそのような教育は着実に生活の質の向上を保証するものである、「文化が栄えていたところでは、野蛮な行為は、その定義するところでは、過去からの悪夢だった」と言うのである（76）。

ところが事実はそうではない。スタイナーによれば、教育の向上と〔被教育受容者の〕数の増加は社会の安定と政治的合理性と相互関係にある必要性はないのである。「私たちは今はっきりわかっているのです。極端な集団ヒステリーや野蛮行為が、高度の文化的公益機関や官僚機構、専門的職業人の規約の保持、いや、さらなる発展と並行して存在することが可能であるということが。〔……〕東ヨーロッパで『最終解決』を施行したハンス・フランク Hans Frank（1900-46）〔ナチス・ドイツ体制下の法務長官〕のような人物が、バッハやモーツァルトの熱烈な鑑賞家であり、そしてある場合には演奏家であった。また拷問や窯ゆでの実行指導者にゲーテに通暁し、リルケの愛読者であった人物がいたことも知っております」(77)。こうした連中はこのような偉大な芸術家の真の理解者ではなかったのだという声があることも事実である。しかしヘルダーリン Friedrich Hölderlin（1770-1843）〔ドイツの詩人〕の主要な作品が朗読され、ハイデッガー Martin Heidegger（1889-1976）〔ドイツの実存主義哲学者〕の作品が死の収容所のすぐ近いところで執筆されたこともまた事実なのである（78)。要するにその時々の地域とか心理的状況にあえて関わろうとしない姿勢、その暗く皮相的悲観論こそがスタイナーの言うところの《ポスト・カルチャー》の決定要素となるのである。

この地理的・社会学的中心性の喪失感、歴史的進歩の金言の放棄もしくは極端な制限、社会活動に関して知識やヒューマニズムが役立たずであり、極めて不適切なものであるという感覚、これらすべてのものがこれまで承認されてきたヒエラルキー的な価値構造の終末を意味するものなのです。社会的認知を組織化し、文化法の支配下に自然法を置こうとする二項分岐の方法は今では曖昧なものとなり、もしくははっきり拒絶されてしまっています。西洋文明と他の文明、教養者と無教養者、上流社会層と下流社会層、老人の権威と若年層の依存、男女の性。こうした分割は区別だけでなく、〔……〕はっきり言って平面的なものでした。分割線はより高いものからより低いもの、より大きなものからより小さなものを分離していました。〔……〕そしてそれぞれの場合『から』“from” という言葉が『より上位の』“above” という意味も表していました。そのことはこうしたヒエラルキー的、定義的な価値勾配の多かれ少なかれ完全な、多かれ少なかれ意識的な、崩壊であります。〔......〕そしてそれこそが今日の知的・社会的状況の主たる要素なのであります。

（81-82）

縦型の垂直線的社会構造の変化は、スタイナーがこの講演を行った1970年台すでに著しかった。「『反体制文化（counter-cultures）』、と個々ばらばらの集団、そして臨機応変（ad hoc）な問題への言及が学問と無学との間の固定化した境界にとって代わりつつあります。教育と無知との間の仕切り線も、もはやヒエラルキー的なものでも自明なものでもありません」(82)。たとえば性の問題。伝統的な男女関係が崩れ、「ユニセックス」や同性愛、フェミニズム等々、いたるところに既存の文化と価値を異にする文化が乱立している。また栄養パターンや温度調節、地球的規模での移動手段の革新などが平均寿命の延長や人格、そしておそらくは体型の変化にまでも影響を及ぼしているかもしれない。「これらの変化は有機的なものと最新流行的なものとのどこか『中間に位置する変異（intermediary mutation）』として定義されてもよいでしょう」。だがこの社会的変貌の確率は前例のないものであると言われているが、果たしてこの変化の確率性と普遍性は確証ある人類の有機的変質を表しているものなのだろうか。スタイナーはこの難問に答える術はないと言う。しかし、と彼は続ける。「二次的な心理社会学的、あるいは社会生理学的変容を表現する適切な言葉を持ち合わせておりませんが、これらの変容は、私にはポスト・カルチャー全体の中で最も重要な変異体のように思えるのです」(84)。

と言うことは、《文化》というものが本質的に脆弱なものであって、自己分裂の可能性を内包しているということであろう。エリオットの言うような「生きた（lived）」文化は過去の偉大な仕事（作品）や伝統的真善美の価値観から栄養を摂取してきた。しかしそれは社会的過酷な状況や個人的災難不幸を何ら計算に入れていないのである。このままではいけない。彼の唱えるような文化を「生活の一様式」とする考え方には、核心部に埋めがたい空隙を生じる。その空隙を埋めようとして彼、エリオットは宗教、特にキリスト教の存在の必要性を訴え、それを彼の《文化》の定義の中枢に据えたのである。しかしこの点にもスタイナーには異論がある。「大量虐殺の事例に際しての〔エリオットの〕極端に曖昧な言い回しだけをとっても、キリスト教は文化の再定義の中心としては役立たないのです。キリスト教的規律への彼の憧憬は今となっては彼の議論のもっとも脆弱な局面なのであります」(88-89)。

スタイナーに言わせればエリオットの用いているような論理や用語はすでに腐食してしまっている。「今日、私たちより若い世代の人々にとっては、知性とか創造的行動の『栄光』というような符号（コード）は極めて疑わしいのです。多くの人々には、そこにロマンティックな使い古しのオチ（bathos）やエリート族の偶像の昔のままの偽装された姿以外のものは見いだせないことでしょう」(91)。そして次々と新しい変化が起こりつつある。その変化は多種多様である。たとえば作品の即時性、非反復性などを強調する「ハプニング」や自動破壊的工芸品。集団そして／または無名での文学や美術作品の創造などなど。「古典作品の永続性や巨匠を信ずる思い上がり、そんなものを信じる者は、とっとと立ち去るがよい」(91)。これがスタイナーの見る《ポスト・カルチャー》の世代なのだ。そして彼はこの回の講演を次のような言葉で締めくくった。

> 老境に達し仕事の実績を積んだものに許される穏やかではあるが悪意をこめた言葉で、ロバート・グレイヴス Robert Graves（1895-1985）〔イギリスの詩人・評論家〕は最近このように主張しました。『いかなるものも私たちの古き栄光、快適な生活、快楽の数々の広汎な破壊を食い止めることはできない』と。これはあまりにも大仰な刀の振り回しです。むしろ『破壊』の代わりに『変移』とか『変化』と言う方がよいかもしれません。それでも古い語彙が使い尽くされてしまい、古典的文化の諸形態が全般的規模で再建できないことはほぼ確実なのです。(93)

(iv)《文化》の消滅

しかし本項（iv）の内容につき話題を展開する前に一体「青鬚の城」とはいかなるものか、またスタイナーはこのタイトルによって何を示唆しようとしているのか、本論の読者はある程度の知識を有しておくことが必要であろう。この点については原書の翻訳者桂田重利氏の『青鬚の城にて』巻末の「訳者あとがき」に詳しく紹介されているのでそれを参考にさせていただきながら紹介することにする。そもそも青鬚伝説は古くからフランスに伝わっていたものを十七世紀の詩人・児童物語作家のシャルル・ペロー Charles Perrault（1628-1703）が 1697 年に発表した『当世寓話集』*Contes du temps* に採録したことでヨーロッパ全土の子供達にまでに広がることとなった。それによるとラウルなる暴虐非道な青鬚の城主が六人の妻を殺害しそれぞれ一体ずつ密室に閉じ込めておいたものを、遂に彼の不在中に七人目の妻に発見され、彼は彼女の兄弟によって惨殺されるという、ヨーロッパではおとぎ話の範疇に入れてはいるが子供に読ませるにはあまりにも悲惨な物語である。

この物語は様々な作家により取り上げられ、また作曲家によってもオペラに使われた題材であったが、スタイナーが利用したのはベラ・バルトーク Béla Bartók（1881-1945）の一幕もののオペラであった（1918 年初演）。このオペラでは原作とは異なり、青鬚とその妻ユーディットが城の扉を次々と開けるが空室のまま、七つ目の扉を開くとそこに幽閉されていた前妻たち（オペラでは三人）が生きたまま現れ、幕切れではユーディットも彼女たちとともに扉の奥へと消える。そして最後に青鬚一人残され「夜よ永遠につづけ」という絶唱で幕を閉じることになっている（以上桂田氏の解説による）。原書の見開きの部分にスタイナーのエピグラフとして「私たちはこと文化論に関する限り、ユーディットが夜に向け最後の扉を開くように求めているときと同じ位置に立っているように思える」（原書 124）という彼自身の講演からの引用と、オペラの中でそれに関連した場面の楽譜の一節の引用が、左右の頁に掲載されている。そしてこれがスタイナーのこの講演録のもっとも言いたかったことであろう。「未だ明日の光明は見えず」、結局彼もエリオット同様に、「《文化》とは何ぞや」という明確な定義に辿りつけなかったということであろう。彼はこの原稿執筆中にあらゆる場面でこのバルトークのオペラの旋律に憑きまとわれたと、桂田氏あての手紙で述懐しているそうである（「訳者あとがき」166）。この時期、この問題が彼のオブセッションとなっていたことが容易にうかがえるものである。

でもどうしてこの問題が彼を苦しめたのか。それをある意味でこの講義録、第四講「明日」“Tomorrow” は語っている。それをある程度詳らかにしなければならない。

まず《文化》の現状はどうか。スタイナーに言わせても、過去において伝統は生きていた。西洋文学の大部分は、過去二千年間伝統をそれぞれ相関し、反映し、反響しあって継承してきた。そうした詩人や小説家など創作家たちは自然に無意識に過去の偉大な作品を自らのうちに取り込み新たな想像・創造の糧としてきたのである。その伝統が今や急速に私たちが直接に反応できる世界から消失しつつある。「チョーサー、スペンサーとテニソン、エリオットを関係づけている英詩の途切れのないアーク状の理想世界や相互対話の世界は、古典や聖書の深淵にして多岐にわたる分析と参照に確固とした基礎を置いた〔研究によって逆に〕今日一般読者の手の届く位置から急速に後退しつつあります」(99)。要するに古典文学を直接読むことができなくなり、注釈に頼らざるを得なくなって、伝統の鎹(かすがい)が失われてしまったと言うのである。それがある意味で読書へ直接触れるときの熱気や霊気を冷ますことになり、人々の読書意欲をそぐことになる。結果古典を読まなくなる。新刊の『エンディミオン』*Endymion*〔John Keats の長編物語詩、1818〕の注釈にあったのだが、果たして「ヴィーナス」に「異教の愛の女神」などという注が必要だろうか。そしてこれはけっして未来の問題ではない。現にアメリカではベーシック・イングリシュ〔850 語からなる基礎英語〕、コマ割り漫画で書かれた聖書やシェイクスピア版が出現しているのだ。この問題を古典のペイパーバック化やマス・メディアに頼るかで回避することはもはやできないのである。

実際に古典の稀覯本は今や好事家や図書館の特別室に秘蔵するものとなり、一般の読者の目には止まらないものとなった。「かつての情感溢れた生命体を取り囲んでいる今日の古文書館の疑似的な活動や、中途半端な文学通もしくはそれ以下の文学通が、生(き)のまま詩の生き残ることを、個人が人手を介さずに直接接触することを、不可能にしてしまっているのです。アカデミズムとポピュリズム。この二つの条件が交互に作用し、必然的弁証法的に対極化してしまっているのです」(106)。

さらに記憶法の問題がある。過去には〔英国国教会の〕欽定英訳聖書や祈祷書を少年時代こぞって諳んじ、それが象徴的、暗喩的、かつ統語的な文章力の糧となっていた。大変多くのことが暗記によって学ばれたのである。「現代における教育や成人の知識庫に内蔵された記憶量の悲劇的減退は、まだほとんど理解されていないのですが、それが後・文化(after-culture)の核心的兆候の一つであります」(107)。このような《後・文化》の知識の貧困化に今日かろうじて歯止めをかけているのは、「アメリカの図書館、大学、古文書館、博物館、高等研究機関であり、それらが現在文明に不可欠な記録の宝庫となっているのであります」(110)。そしてさらに、

> こうして個人の哲学的価値を有する古典構造の時間死したものが詰め込まれたドームは、多くの点で、統語的〔多言語を包括するもの〕なものであり、言語が最高権威の、ほとんど魔法と思えるような根拠ある役割を果たしている生活の基本構造に本来固有なものなのです。この役割を軽減してごらんなさい。その権威の座を転覆させてごらんなさい。そうすれば古典文明のヒエラルキーも超越的価値も破滅に向かわせることになるでしょう。(114)

その結果、従来の言語文化取って代わるべき社会的言語空間の消滅が生じる。これは世代の交代によって起こされる変化、親子間のコミュニケーションの断絶というような単純なものではない。今〔私たちはこの講演の開催されている1970年台にいることを忘れないでほしい〕起こりつつあることは、徹底的な言語の破壊行為であり、ビート族やヒッピー族が好んで社会的禁句を濫用する傾向はまさに言語の殺害行為と言ってよい。あるいは自閉症患者が言葉を踏みにじり、意味不明なものに変えてしまうとさえ〔スタイナーは〕極言して憚らないのである。「ここから現在の世代間の衝突から生じる傷や絶望のなにがしかは生まれてくるのです。共通の言語から生み出されるアイデンティティや社会的連帯といった基本的繋がりへのこれは意図的な暴力行為です」(115)。

ではこの文字による文化の悲劇的消滅の危機に直面して、それに代わりうるような他の「リテラシー（literacies)」は存在しないのだろうか。スタイナーはそれに代わるものは存在すると言う。それは音楽と数学だと言うのだ。音楽といってもそれはモーツァルトやベートーヴェンに代表されるようなクラシック音楽だけではない。ロックや、ポップ、フォークなど若い世代を代表する音楽も同等である。今ロックのすさまじい音響が彼の研究室の壁を突き破って鳴り響いてくる。「かつては沈黙に縁どられていた読書や執筆、個人間のコミュニケーションといった活動は、今では耳障りなヴィブラートの中で行われているのです。〔……〕ポップの先月一位だったか先週一位だった曲がエコー・チェインバー〔演出効果を高めるために人為的に残響・反響音を作り出す部屋〕に代わって、大衆社会全体を支配しているのです。この音楽的エスペラントは衝撃的です。ロックやポップが流行や背景、生活様式をすべて同一軸とする世界を生み出しているのですから」(116)。そして多種多様な音楽の活動領域に言及したあと、彼は音楽の《次・文化》的特性の一端をこのように結論づけたのである。

要するにポップやロックの語彙と文脈的行動パターンは、若者たちの純粋な国際混成語（lingua franca)、「世界共通方言（universal dialect)」を構成しています。いたるところで音の文化が言語を秩序の基本に据えた古い権威をその座から押し返しつつあるように思えるのです。(118)

そして個人の問題として究極、

音楽には人の心に訴えかける必然的要素があります。長い間無しでは済まされない音楽がある。たとえば本なんかより特定の音楽の楽章の方が自分自身の内側の秩序と信頼の護符となっているという（私もそうなのですが）感情があります。言語の古典的優先権と密接に結びついてはいますが、宗教的信仰心の不在、退行する中で、音楽は私たちを自分自身に集中させ、実りをもたらしてくれるように思えるのです。(122)

このように音楽への傾倒ぶりを披露して、ここで初めて彼はバルトーク作曲の『青髯の城』に言及するのである。

> この「言語の枠外の文化（culture outside the word）」の動きはまだ続くものと思われます。私たちはこの全体の動きを見るには事実にあまりに近すぎます。客観的か否かのテストはいまだに個人の感性に束縛されているのです。単純化を心がけてはいるものの要約困難な方法を用い、この一連の講演も、他の手段と並行して一つの音型、バルトークの『青髯の城』の終末部に向かって用いたような—オーケストラで試行的に上方や下方に弧を描いて見せる手法——一瞬息をのむような音型を反響させようと努めております。私たちはこと文化論に関して言えば、バルトークのユーディットが夜に向けて最後の扉を開くように懇願している場面と同様な場面に立っているように思えるのです。(123-4)

では数学はどうなのか。スタイナーはその論理的範疇に工学や自然科学の記号論的価値を包含させ《次・文化（ポスト・カルチャー）》の一翼に据えている。この点については（私のリテラシーは彼の該博なそれには遠く及びもつかないので）ごく簡単に紹介するに留めておくが、たとえば電子工学の発達によるアナログ文化から急速なデジタル文化への変革に伴い、またそれと並行してのコンピューター科学の驚異的な発達により、〔すでに 1970 年代においても〕従来の知識量の何万倍の知識が同一箇所に収蔵されるようになった。この文字の記号化、これは現代科学・工学の《次・文化》におけるヒエラルキー的位置変動の大きな記しであろう。

ただ一つだけ最後に特記しておきたいことは人文学と科学の明確な相違点である。《文化》そのものがこれほど断片化しているときに、科学だけを特別扱いするのはなぜか。その理由の最たるものは、おそらく私たちが第八章で取り上げた C. P. スノウと F. R. リーヴィスの例の文化論争ではなかったろうか。スタイナーは講演では話題となった人物の名前も論争の経緯についても一切触れていない。しかし彼がこの問題を意識していたことは、ここの文脈を読む限り明らかである。彼は人文学と科学の異同性につきスノウとは全く異なる論理でこのように論述している。

> 科学を人文学の現状からこのように乖離させているものは、彼らの集団性と関係者内部だけのカレンダーを有している点です。今日、圧倒的に科学は集団的企画であり、その中では個人の才能はグループの一機能に過ぎないのであります。しかし、これまで私たちが見てきたように、現在流行している過激な芸術家、反芸術家たちは同様な集団化をますます志向する傾向にあります。人文学者たちと科学者たちの間の真に深い溝は時間に対する感受性の違いによるものです。未だ定義という段階ではありませんが、科学者は明日は今日より進歩したものになるということを知っています。〔……〕科学者にとって時間の曲線は上向きです。人文学者はどうしても後ろ向きにならざるを得ません。彼の基本とする意識の貯蔵庫、学者または批評家としての日常生活の支えとなるものは、過去に由来するものです。〔……〕言語というものは数学と違って過去を体内に孕んでいますから、後じさりしてしまうのです。〔……〕科学者には時間と光は前方にあります。
>
> ここにこそ、もし取り上げる場所があるとすれば、「二つの文化」、というよりむしろ二つの志向する方向（orientation）の分岐点があります。科学者の中で生きてきた人ならだれでも、この対極的位置がいかに強烈に生活スタイルに影響を及ぼすかわかるでしょう。自明の理として、彼らの夕べは明日を、「神聖なる未来を（*e santo è l'avvenir*）」指し示すことでしょう。（134-35）

長い引用になったが、これは明らかにヨーロッパ比較文学の世界的権威が科学に対して捧げたオマージュとして受け取れるものではないだろうか。少なくとも私にはこれがこの講演の十年前、イギリスの学会の話題をさらった文化論争へのスタイナーなりの解答として読めるのである。さらにここでの文言は本講演の『青髭の城にて』というタイトルの謎解きにもつながっている。なぜ彼が原童話に依らずバルトークのオペラを選んだか。その理由はまずこれが《ポスト・カルチャー》の代表の一つとして彼が選んだ音楽であること。それとともにこの項の冒頭に紹介したように、青髭とその妻ユーディットが最後の扉を開けたとき、そこに青髭の前妻たちが生きたまま現れ、ユーディットも彼女たちとともに扉の向こうに消えてゆく。そして最後に一人取り残された青鬚の悲しみのアリア「夜よ、永遠につづけ」で幕を閉じることになっているが、ここでユーディットは新しい未来の無限空間にと旅立ってゆく科学を象徴するものであり、一方青鬚はヒューマニスティックな教養主義を掲げる伝統的人文学の世界を象徴するものと取れなくもない。彼が最後に歌った歌詞の一節「夜よ、永遠に」はこうした過去の文化活動を「暗闇」と表しているのかもしれない。いずれにしても《ポスト・カルチャー》の代表格は、スタイナーによれば音楽であり、科学の領分である、これが彼の提示した『カルチャー再定義』の中核をなすものであった。そしてこれが私のこの講演録『青鬚の城』の題名の解釈である。

(2) そして文化はいずこに向かうのか

一つの観念としての《文化》の消滅。この現象はスタイナーの指摘を待つばかりでなくいたるところで起こっていた。古典文化の強固な城郭であったはずの大学は次々と内部崩壊を起こし、いつしかより実利的なカリキュラムに取って代わっていった。こうして西洋文化の最後の砦となってきたイギリスにおいても、今や昔日の面影はない。十九世紀から営々と築き上げてきた《文化》の城砦は「青鬚の城」と同様、崩壊し、消滅状態にある。果たしてあの輝かしい栄光に満ちた観念としての《文化》、この観念の復活する予兆はあるのだろうか。

だが『青鬚の城にて』の講演の行われた1971年当時の世界情勢を考えると事態はけっして明るいものではなかった。このころ中国では1960年代末に始まった文化大革命の激動が急速に拡大して中国全土に広がりつつあった。皮肉なことにここで「文化」という言葉が政治スローガンとして利用されていたのである。毛沢東語録を掲げた年端のゆかない紅衛兵たちが「文化」を標語に革命の先導をし、人民裁判の名のもとに各地で粛清の嵐が吹き荒れようとしていた。そして70年台の間に（通説では）およそ2,000万人かそれ以上に及ぶ無辜の人命が闇に葬られたと言う。まさに「地獄の季節」、恐ろしい大量虐殺（ジェノサイド）の再来だった。

そして世界はまた軍拡の時代に入っていた。アメリカに追いつけ追い越せとソ連が躍起になって原爆の製造に励み、他の列強もこれに追随した。原子爆弾から水素爆弾へ、これもスタイナーが《ポスト・カルチャー》の最右翼に上げた科学の申し子だった。

ベトナム戦争の余燼が相変わらずアメリカは言うに及ばず世界全土にくすぶり続けていた。世にいうビートやヒッピーが街のいたるところにたむろしうろついていた。日本も例外ではない。町中に無聊感、虚無感が漂い、それが嵩じて大学内に学生運動の炎が舞い上がり、多くの大学が機能麻痺に陥って教育の場ではなくなってしまった。伝統的な「リベラル・アーツ」の場としての象徴的権威を失ったのである。これも《カウンター・カルチャー》、つまり《ポスト・カルチャー》の産物であった。

こうして見てゆくとスタイナーの言う《ポスト・カルチャー》はいったいなにを生み出し、なにを残していったのだろうか。十九世紀から営々として築き上げられた《教養主義》の伝統はすでに跡形もなく、二十世紀が終わるころには、大学はリベラル・アーツの場としての存在理由すらも失ってしまった。（文学も例外ではない）すべての学問においてプラグマティックな方法論が優先され、伝統的な真理探究の機会は遠のくばかり、すでに過去のものとなりつつある。一方で「文化」という言葉はやたらと濫用され、かつての「植民地文化」は「ポスト・コロニアル文化」に取って替わり、「異文化コミュニケーション」なる新語が流通するようになった。要するに「文化」という言葉が世界中に拡散したのである。そして学問的統一をする術を見出せないままに、この論文のテーマである《カルチャー》という言葉も基準のないままに粉々にされ、それぞれの必要と需要に応じて勝手気ままに乱用されるようになった。残念ながら二十一世紀になってもその傾向が改善される兆しは一向に見えない。

あとがき

結局《文化》とは何なのだろう。表題に『《文化》とはなにか』と麗々しく銘うっておきながら、私はそれに対する定義をなに一つ提示できなかった。なによりもそのことに忸怩たる思いである。エリオットが「定義に向けての覚書」と称し、スタイナーが「再定義に向けてのいくつかの覚書」とそれぞれの表題に「覚書」という制限条項を設けたのは極めて賢明な対処法であった。要するに今日では《文化》は定義不能な観念となりつつあることのなによりもの証拠である。考えてみればエリオットが講演の中で「生活の一様式」"way of life" と多少ためらいつつ提示した《文化》の定義がもっとも定義という範疇に近い言葉なのかもしれない。これなら彼の言うようにダービーの競馬もヘンリー・レガッタもあるいはキャベツの煮物でさえも「カルチャー」の一部たりうることになろう（本書第七章（4）参照)。ただこれはあくまでも「生活の一様式」に過ぎない。これならいくらだって「文化」を創出できるであろう。現代の「文化」拡散の要因として特筆に値する定義と言えるかもしれないが、《文化》とはなにかという根本命題への解答には程遠いものであることは間違いない。

ただ、私は率直に言って、ヴィクトリア朝の一部知識階級の "culture" ＝《教養》と特化し、これを極端な場合に半ば神聖化する傾向、この時代特有の《教養主義》に限りない憧憬を抱いているものである。アーノルドの「世界中で知られ、考えられているもののうちの、最上なるものを知ろうとする好奇心の働きを促す本能」（同第五章（2)）を活動し、古今の文学を精査しようとする「批評精神」、また古典文学の「優雅さと光」"sweetness and light"（同（4-5）を摂取することこそが、時代のアナキカルな反動勢力に対抗する手段となりうるとする考え方に、親近感を抱かずにはいられないのである。現代はこの貴重な精神を失ってしまった。大学の教養課程は二十世紀の終わるまでにほぼ消滅し、文学のカリキュラムもそれと並行して削減され、今や風前の灯となりつつある。英文学科にしてもしかり。多くは廃科の運命を辿り、仮に生き延びる幸運に浴したにしても、他の学科と同様に実学が優先され、古典のテクストを解読する喜び、そしてそこから文学の「優雅さと光」を享受する機会も失われつつあるのが現状である。難解なテクストを解読し、その奥に潜む宝物を手にする喜び、それが十九世紀から営々と築き上げてきた《文化》の真髄だった。この貴重な伝統を失ったとき、そのあとになにが来るのだろうか。

巷間では私のごとき人間を救い難い時代錯誤症（アナクロニスト）と呼ぶかもしれない。そう呼ばれても結構。私は一向に気にしない。長い《文化》の伝統を継承してきた最後の世代、先輩たちが遺してくれた《文化》の真髄に最後に自由に接することのできた幸運な世代の一人としての矜持を持っているからである。むしろこうした輝かしい伝統をできるならば復活させたい。その動機が底辺にあって、この輝かしい伝統の継承者として、《文化》の消長の歴史を詳らかにすることが私に課せられた義務だと考えたのである。そしてヴィクトリア朝文化研究学会にかかわりを持って以来、こつこつとその時代の "culture" に関わる文献を渉猟し、整理論証を加え、私なりの「覚書」を書いているうちに、気が付いたら原稿用紙に換算して 650 枚以上のまとまったものになった。それにさらなる推敲を重ねて、これならばと思う出版社（複数）に原稿を持ち込んだのだが、やはり危惧した通りお断りを頂いた。それぞれに断わりの理由が書き添えてあったが、第一に（冗）長であること、それに加えて（それが最大の理由だと思うが）現代の読者の趣向にマッチしない内容であるということであった。ただ一つの出版社の編集者から、これを半分に縮小し新書版程度のものにすればという提言を頂いたことが一つの救いであった。だがその提言を有難いとしながら、私の不幸な原稿は何ら手を加えられることもなく、机上に放置されたままになってしまった。

こうして数年間—私はその間他の仕事に忙殺されていた—日の目を見ることのないままに放置されていた原稿にようやく光明の当たる機会が訪れた。私が 40 年にわたって奉職していた南山大学から、私の論文を大学紀要『アカデミア』（文学・語学編）に掲載してもよいという許可を頂いたのである。ありがたい提言であった。さっそく思いを新たにして本論の骨子となる部分に改めて削除・加筆をほどこし、「イギリス教養主義の起源と発展」と題する論文を同論集の 107 号から 110 号まで都合 4 回、2 年間連載することができた。これがきっかけとなって長い間眠っていた原稿がようやくまとまった形に再編纂することができたのである。最初の原稿は 2 ／ 3 に縮小され、第九章「彷徨する《文化》、そして散逸・消滅」という《文化》の悲劇的結末を新たに書き加え、本書はようやく完成に至った。長い道程であった。南山大学のご好意なくしては、この作品は最後まで私の書斎に埋もれたままに終わったことだろう。

このような次第でまずは論文掲載の機会を与えてくださった南山大学と『アカデミア』の総括責任者である学長に、そして私の論文掲載に携わり、その都度丁寧な校正を施してくださった担当編集者各位に深甚なる感謝を捧げたい。私の著作が世に出るきっかけを与えてくれたのは、ひとえにこれら善意ある人々の影の尽力によるものである。

そして今回もまたまた大坂教育図書の横山哲彌・陽子社長ご夫妻に最後に面倒を見ていただくことになってしまった。私のごとくしがない研究者に思いをかけ、その作品を世に出してくださる熱意にはただただ頭が下がるばかりである。心から御礼を申し上げる。

最後に 60 年余苦労を共にしてきた糟糠の妻淑子に変わらざる愛と感謝を捧げる。彼女の貢献なくしては、私の学究生活は成り立たなかったであろう。

2021 年 10 月　　　　　　　　　　　　　　　　　荻野昌利

引用文献目録

Arnold, Matthew. *The Complete Prose Works*. Ann Arbor: The University of Michigan Press: ed.. R.H. Super, 11 vols.

_____ I. *On the Classical Tradition*. 1960.

_____ III. *Lectures and Essays in Criticism*. 1962.

_____ V. *Culture and Anarchy*. 1965.

_____ X. *Philistinism in England and America*.

Carlyle, Thomas. *Essays: Scottish and Other Miscellanies*. 2 vols. London: Everyman, 1967.

Chesterton, G,. K. *Victorian Age in Literature*. 1913; Oxford: Home University Library, 1947.

Davidson, W. L. *Political Thought in England: The Utilitarians from Bentham to J. S. Mill*. London: Oxford University Press, 1950.

Eliot, Thomas Stearns. *Selected Poems*. London: Faber and Faber. 1961.

_____ *Selected Essays*. London: Faber and Faber, 1953.

_____ *For Lancelot Andrewes*. London: Faber and Gwyer. 1928.

_____ *The Idea of a Christian Society*. London: Faber and Faber, 1962.

_____ *Notes towards the Definition of Culture*. London: Faber and Faber, 1965.

Gilmour, Robin. *The Victorian Period: The Intellectual and Cultural Context of English Literature, 1830-1890*. London: Longman, 1993.

Himmelfarb, Gertrude. *Darwin and the Darwinian Revolution*. New York: Anchor Books. 1962.

Huxley, Thomas Henry. "*Autobiography*" *and Selected Essays from* "*Lay Sermons*." New York: Longmans, Green and Co. 1910.

_____ -*Collected Essays*. Vol. III. *Science and Education*. New York: Georg Olms Verlag. 1970.

Kingsley, Frances E. ed. *Charles Kingsley: His Letters and Memories of His Life*. London: Kegan Paul, Trench., 1882.

Leavis, Frank Raymond. "Literary Mind." *Scrutiny*, 1 (1932): 20-32.

_____ *Two Cultures? The Significance of C. P. Snow*. London: Chatto & Windus. 1962.

Newman, John Henry. *The Idea of a University*, ed. I. T. Ker. Oxford: At the Clarendon Press, 1976.

Macaulay, Thomas Babington. *The Complete Works: Critical and Historical Essays*. Boston: Houghton, Mifflin, 1910.

Mill, John Stuart. "Inaugural Address Delivered to the University of St. Andrews," In *Essays on Equality, Law, and Education, Collected Works of John Stuart Mill*, Vol. XXI. Toronto & Buffalo: University of Toronto Press, 1984.

_____ *On Bentham and Coleridge*. New York: Harper & Row, 1950.

Morris, Jan, ed. *The Oxford Book of Oxford*. Oxford: Oxford University Press, 1978.

Priestley, J. B.*Victoria's Heyday*. London: Heinemann, 1972.

Ruskin, John. "The Storm Cloud of the Nineteenth Century." *The Works of John Ruskin*. Library Edition. London: George Allen, 1903-12. Vol. XXXIV.

Smiles, Samuel. *Self Help*. New York: Cosimo Classics, 2005.

Snow, Charles Percy. "The Two Cultures." *The New Statesman and Nation*. (October 6, 1956): 413-14.

_____ "The Age of Rutherford." *The Atlantic Monthly*. 102 (1958): 76-81.

_____ *The Two Cultures*. Cambridge; Cambridge University Press, 1998.

Steiner, George. *In Bluebeard's Castle: Some Notes Towards the Redefinition of Culture*. New Haven. Yale University Press. 1971.

Tennyson, Alfred. *Poems and plays*. London: Oxford University Books. 1963.

Trilling, Lionel. "The Leavis—Snow Controversy." *Beyond Culture*. New York: A Harvest Book. 1965.

Webb, Beatrice. *My Apprenticeship*. Harmondsworth: Penguin, 1971.

Williams, Raymond. *Culture and Society: 1780-1950*. London: Chatto and Windus, 1960.

Willey, Basil. *The Nineteenth Century Studies: Coleridge to Matthew Arnold*. Chatto and Windus, London: 1955.

Woolf, Virginia. "Modern Fiction." *The Common Reader* (First Series). NewYork: Faber, 1965.

イェーガー、W.『初期キリスト教とパイデイア』 野町啓訳、筑摩叢書、1964 年。

荻野昌利 『さまよえる旅人たち—英米文学に見る近代自我〈彷徨〉の軌跡』 研究社

出版、1996 年。

____『歴史を〈読む〉―ヴィクトリア朝の思想と文化』 英宝社、2005 年。

スタイナー、ジョージ 『青鬚の城にて：文化の再定義への覚書』（桂田重利訳）、みすず書房、1973 年。

（なお訳者桂田氏の「訳者あとがき」は拙論中大いに参考にさせていただいた。ここに改めて深く感謝をさせていただく。）

竹内洋 『教養主義の没落』 中公新書、2003 年。

平川祐弘 『天ハ自カラ助クルモノヲ助ク』 名古屋大学出版会、2006 年。

舟川一彦 『十九世紀オクスフォード』 Sophia UP. 2000.

著者略歴

荻野 昌利（1933年生。横浜市出身）

学歴　東京教育大学卒・同大学院修了（専攻英文学）
　　　文学博士（名古屋大学）

職歴　南山大学・大学院教授、同大学名誉教授。

学界活動　日本英文学会会員・評議員・編集委員
　　　日本ヴィクトリア朝文化研究学会理事・同会長

業績表

単著

『暗黒への旅立ち―西洋近代自我とその図像―1750～1925』名古屋大学出版会（1987）

『さまよえる旅人たち―英米文学に見る近代自我〈彷徨〉の軌跡』研究社出版（1996）

『視線の歴史―〈窓〉と西洋文明』世界思想社（2004）

『歴史を〈読む〉―ヴィクトリア朝の思想と文化』英宝社（2005）

『ヴィクトリア朝筆禍事件始末記―宗教と芸術』英宝社（2007）

『小説空間を〈読む〉―ジョージ・エリオットとヘンリー・ジェイムズ』英宝社（2009）

共著

『ヴィクトリア朝文学・文化・歴史』英宝社（1999）　その他多数

訳書

ジョージ・エリオット著『ミドルマーチ』大坂教育図書（2020）

トマス・ハーディ全集　全19巻

1	窮余の策	*Desperate Remedies*
2	恋の霊／緑樹の陰で	*The Well-Beloved/Under the Greenwood Tree*
3	青い瞳	*A Pair of Blue Eyes*
4	はるか群衆を離れて	*Far from the Madding Crowd*
5	エセルバータの手	*The Hand of Ethelberta*
6	帰郷	*The Return of the Native*
7	ラッパ隊長	*The Trumpet-Major*
8	熱のない人	*A Laodicean*
9	塔の上の二人	*Two on a Tower*
10	キャスタブリッジの町長	*The Mayor of Casterbridge*
11	森林地の人々	*The Woodlanders*
12	ダーバヴィル家のテス	*Tess of the d'Urbervilles*
13	日陰者ジュード	*Jude the Obscure*
14-1	覇王たち 1	*The Dynasts I*
14-2	覇王たち 2	*The Dynasts II*
14-3	覇王たち 3	*The Dynasts III*
15-1	詩集 1	*The Complete Poems I*
15-2	詩集 2	*The Complete Poems II*
16	トマス・ハーディの生涯	*The Life of Thomas Hardy*

《文化》とはなにか
——一つの観念の興亡の歴史；1830-1970（イギリスにおける）——

2021年11月1日　初版第1刷発行

著　者　荻野　昌利
発行者　横山　哲彌
印刷所　岩岡印刷株式会社
製本所　株式会社　堀越

発行所　大阪教育図書株式会社
〒530-0055　大阪市北区野崎町1-25
TEL 06-6361-5936　　FAX 06-6361-5819
振替 00940-1-115500

ISBN978-4-271-21075-7 C3022　　落丁・乱丁本はお取り替え致します。

『《文化》とはなにか』再版に寄せて

この度『《文化》とはなにか』が再版されることとなり、著者として欣快に堪えぬところであります。この種の研究書にはめったにないことで、この再版に至るまでの出版元大阪教育図書の横山社長ご夫妻他スタッフ一同のご尽力に心から御礼申し上げる次第です。

今日目まぐるしく変貌する社会情勢の中で、文化の枢軸となるべき教養はないがしろに扱われ、文化のみが独立して分裂・分化・流転を繰り返し留まることを知りません。本書執筆のそもそもの動機は、かかる文化崩壊の趨勢に危機感を抱いた著者がそれに警鐘を鳴らし、改めて原点に立ち返って文化そのものを見つめ直そうとすることにありました。そのような著者の意図に思いもかけず数多くの読者から賛同の声が寄せられたことに、忸怩たる思いを抱きつつ、それに勝る感動を覚えております。その声が一つになって伝統的文化・教養が復活の狼煙を上げてくれればと期待しております。

しかし現実はそんな甘いものではないことは熟知しております。しばらく前になりますが、たまたまYouTubeの番組を覗いていた時、さる大阪出身の流行作家が「文学部なんてアホンダラ、みんなぶっ潰してしまえ！」と怒声を上げていました。どうしてそのような怒声というか罵声を発したか、その文脈が（多少のところ推察はしておりますが）判然としないので何とも言い難いのですが、それまで彼の歴史観に一目置いていた私にはその一言は衝撃的で、彼を見る目を一気に覆すものとなりました。彼は文学を、いやもう少し幅を広げて人文学を飯のタネにしながら、その存在理由を知らないか知ろうとしないのです。あるいは自分の書いたものは文学などではないと、根っから信じている。そして文学だけではない、リベラルアーツの、ひいてはヒューマニズムそのものの牙城である―少なくともこれまではそうであった—文学部に狂おしいほどの敵愾心を抱き誹謗の矛先を向けているのです！

このような誹謗する輩が跋扈する現代、文学部は崩壊の危機にさらされている。これも悲しいかしいかな、事実です。少なくとも 20 世紀後半からその趨勢は留まるところを知らない。その勢いを止めるためには今一度、文学部の本拠である Culture に遡って、原点から問い直し、その存在理由を改めて確認する必要があります。Culture とはなにか？そうした Culture 本来の本質を再確認する ために本書が一助となれば無上の光栄です。心ある読者の今後の奮闘を期待しております。そのために蛇足かも《れませんが、この機会に “Culture”、そして《文化》について日ごろ思うところを改めて「《文化》とはなにか—追考」として書き足させていただきました。更なる忌憚なきご意見を賜りたいと念願しております。

荻野 昌利

目　次

《文化》とはなにか？── 追考

(1) 《文化》とは？── 日本語における

改めて言うまでもなく、私たちが今真の意味での「文化革命」の歴史的渦中にある。IT 産業の進化で情報を伝達する媒介が激変し、それに伴い私たちの思考パターンそのものまでが構造的な変化を起こし、旧世代と新世代との間に大きなギャップが生じてしまっている。このジェネレーション・ギャップが急速に進むにつれて、社会は至るところに軋みを生じている。ハムレットのせりふではないが、「時代は関節がはずれている」のである。しかし残念ながら、その「はずれた関節を直すべく生まれついた」(『ハムレット』*Hamlet* , I, v, 187-88) ヒーローなど、シェイクスピアの時代ならいざ知らず、現実の世界にいるわけはない。好むと好まざるとにかかわらず、私たちはこの革命的変化の大きな波のうねりと格闘し、生きなければならないのである。

ではどうすればよいか？　本書の初版時に提出した処方箋は、現在進行しているのが「文化革命」であるという前提に立って、《文化》という概念そのものの根源に遡ってその本質を見直し、現在のさし迫った事態に対応できる知的能力だけではない、できれば将来をも見通せるような予測能力を身につけたいという願望から想起されたものであった。結局、私たちが身を置いている現代文明の帰趨を決定するのは、こうした急速に進む文化的変化に、つまり私たち自身がいかに的確に対応するかだけではなく、いかにして将来を見据えた賢明な判断ができるか、その能力の涵養いかんにかかっていると思うからである。

そのためには、回りくどいようだが、まず《文化》という言葉そのものの意味から問いつめて行かねばならない。この考えは現在も変わりはない。なぜなら、この言葉が注目される時代というのは、歴史的に見て、どうも社会に大きな変革のうねりが生じた時代と不思議と合致しているように思えるからである。それを単なる偶然として見過ごしてよいものかどうか。そこになにか複雑な因果関係があるのではないか。日ごろから使い慣れた言葉だが、私には歴史的にふり返って見て、《文化》という言葉には、なにか極めて重要かつ特別な意味が秘められているように思えてならないのである。

わかり易いように、まず身近な日本語の場合から考えてみよう。《文化》という言葉は、『日本国語大辞典』（小学館）によると、古代中国の『易経』にまで遡ると言われている。日本では『清原宣賢式目抄』（1534）の「端書（はしがき）」で「刑罰を用いないで導き教えること。文徳により教化すること」という意味で用いている一節を初出例として挙げているが、それを見てもわかる通り、歴史的に由緒正しい言葉と言ってよい。江戸時代後期には同じ『易経』を出典として元号（1804-1818）としても用いられている。

この《文化》という言葉に劇的な意味変化の起きたのは、明治維新に入ってからのことである。それは、日本国全体が尊皇攘夷か開国かで大揺れに揺れ、徳川幕府が潰え、大政の奉還、明治天皇の即位と王政の復権、江戸への遷都と、めまぐるしく移り変わる激動と戦乱の時代を脱却し、ようやくに近代国家として新たな旅立ちを始めた、わが国始まって以来未曾有の大革命を経験した時代だった。そうした政治的変革の大波に乗って、西洋文化に追いつけ、追い越せとばかり、「文明開化」という言葉がいわば「錦の御旗」として大手をふるって世の中にまかり通る時代がやってきたのである。そしてその旗印に後押しされて、西洋の先進文化が怒涛となって流れ込んできて、日本はある時いきなり（もちろん、その間に幾多の興亡があったことは間違いないが）、ちょんまげ、帯刀の時代から「じゃんぎり頭をたたいてみれば、文明開化の音がする」（『新聞雑誌』二号、明治四年五月）とざれ歌に唄われ、鹿鳴館に象徴されるような、西洋かぶれの新人類がわがもの顔に街を闊歩する、新しがりの時代に突入したのである。

新旧世代間のギャップは想像するに難くはないであろう。島崎藤村の明治維新の木曽路の山村を舞台にした小説、『夜明け前』（1929-35）の主人公青山半蔵の苦悩し狂乱する姿は、けっして木曾の山奥にだけ見られた現象ではなかった。彼は過去の形骸に囚われ身動きがならず、体制と言わず、価値観と言わず、物心両面、すべての秩序が目まぐるしく移り変わってゆく現実に対応できず、ただ呆然自失、手をこまねいて見守るばかりの、時代に取り残された古風な人間の象徴だったのである。彼のような時代遅れの人間は、この当時数え切れないほど多かったに違いない。

つまり《文化》という言葉が、日本で最初に表舞台に登場したのは、そんな社会の激動する最中、日本が新しい国家として船出をして間もない当時だったということである。最初のころは、それは英語の“civilization”の訳語として登場してきた《文明》（これも出典は同じ中国の『易経』と言われている）とほとんど区別されることなく、すべて《文明》という言葉に一括されて用いられていた。福沢諭吉の『西洋事情』（1866-70）や『学問のすすめ』（1871-75）には《文明》という単語が頻出する。たとえば「国の文明は形をもって評すべからず。学校といい、工業といい、陸軍といい、海軍というも、みなこれ文明の形のみ」であって、それだけでなく「ここにまた無形の一物あり…このものあらざれば下に学校以下の諸件も実の用をなさず、真にこれを文明の精神というべき至大至重のものなり」（『学問のすすめ』五編　48頁）とあるが、ここでの《文明》は、むしろ今日流に言えば《文化》の意味に近いものではなかったろうか。西洋から新しい観念が続々と輸入されてくる。いずれもこれまで日本に該当するもののないような言葉ばかり。だが、今日のようにカタカナに置き換えて安直に済ませるような姑息な方策は、彼らの頭にはまったくなかった。それをどのように日本語に訳出するか、彼らはこれまでに培ってきた漢語の教養を総動員して､適当な訳語を探そうと苦闘したのである。福沢の、『西洋事情』や『学問のすすめ』、中村正直（敬宇）訳の『西国立志編』（1871）などを読むと、和漢の古典の知識を縦横に駆使して、そこから適当な訳語を探し出そう、それができなければ捻出しようと、必死に模索している様子がありありとうかがえる。この東洋の古典の素養とそれへのこだわりがあったからこそ、今日から見れば、古代の『古事記』に比肩しうるような、まさに想像を絶した彼らの言葉作りの大事業が、達成できたのではないだろうか。

このような明治の初期のにわか作りの新語の氾濫と混乱がようやく落ち着いてきたころ、すなわち明治 20 年ごろになって(時あたかも西洋における 1880 年台の “culture” が喧しく論じられていた時代である)､《文明》と《文化》を別語として切り離す作業が進むようになった。社会変革が進み、その変化に対応するのには、もはや《文明》という一語で済ませることは不自由になってきたのである。《文明》という語は「文教が盛んで人知が明らかになり、精神的・物質的に生活が快適な状態」を意味し、どちらかというと物質的・技術的所産が生み出した人間社会の総合的状態に力点が置かれ、それと区別して、「学問・芸術・道徳・宗教など、人間精神の働きによってつくり出され、人間生活を高めてゆく上の新しい価値を生み出して行くもの」という、個々の精神活動面を強調する場合には、《文化》という言葉が一般に使われるようになった。そして、小学館『日本国語大辞典』に拠ると、それが明治 30 年代後半から「ドイツ哲学が日本社会に浸透し始め、それに伴い《文化》はドイツ語の Kultur（英語の culture）の訳語へと転じた。そのことによって、次第に「文化」と「文明」の違いが強調されるようになった。大正時代になると「文化」が多用されるようになり、「文明」の意味をも包括するようになってきた」(「文化」の項)とある。今日の用法に大きく近づいたと言えよう。

(2)《教養》とは？

しかしながら、ここからまた新たな問題が生じてくることになる。《文明》から分離して新しく誕生した《文化》だったが、日本の近代化が進むにつれて西洋から新しい観念が続々と輸入され、その言葉にさらに新たな意味が次々と付着し、そうした新たな概念を表出するために、さらなる分化の必要性が生じてきたのである。そして、《教養》という言葉が、そうした新たなニーズに応えるべく登場してくる。ただ、ここで忘れてはならないことは、《文化》にしても《教養》にしても、そもそもドイツ語では "Kultur" であり、英語やフランス語では "culture" であったということ。つまり、日本語はここで本来一語であったものを二語に分割することになったのである。これは日本語の持つ物事を繊細に識別する優れた能力の表れであったが、問題を複雑にしたのは、二つに分割したものに、新たな意味を付加し、まったく別の概念に作り変えてしまったことである。これがそれ以後の日本の文化思想史にいかなる影響を及ぼすことになったか、これはまた改めて語るべきことがらである。

そもそも《教養》という言葉も《文化》と同じく中世に起源をもつ大変に古い言葉である。しかし、その大元は「死者の後世を弔う」というまったく別の意味だったと言われている。それが明治に入るころ、英語の "education" の訳語として「教え育てる」という意味で使われるようになった。明治初年に発行された中村正直の『西国立志編』や『自由之理』(J. S. ミルの『自由論』の翻訳)のなかでも、《教養》は "education" の訳語として頻繁に用いられている。しかし、この「教え育てる」の意味では、しばらくして《教育》という言葉にとって替わられ、以後それが定着することになった。こうして一旦は不要になった《教養》だが、それが大正の初めになって、「学問、知識などによって養われた品位。教育、勉学などによって蓄えられた能力。知識、文化に関する広い知識」(『日本国語大辞典』「教養」の項)という意味で復活し、独立した単語となって大正デモクラシーの花形として新たな脚光を浴びるようになる。最初にだれが使ったか定かではないが、新藤咲子の「『教養』の語史」によると、大正 6 年 (1917) 発行の阿部次郎著『三太郎の日記』が「『教養』を現代にも通じる意味で使った初めてのころの用例」であろうと推測している(『言語生活』265 号、71 頁)。『三太郎の日記』は、その著者と同様、今日ではほとんど忘れられた存在になってしまったが、(旧制)高校や大学など当時のインテリ青年の間では、いわばバイブルのように愛読され、阿部の名前は教養主義のいわば教祖として天下に鳴り響いていたことを考えると、彼を《教養》という言葉の元祖とすることには、さしたる異論はないのではないだろうか。

このように明治以降に、《文明》から《文化》が分離され、さらに《文化》から《教養》の概念が独立して(この点はイギリスの場合とは明らかに逆である)、それぞれが三者三様別の意味で用いられるようになった。そして、今日でも止むことなく、微妙に意味は変化を続けている。(この辺の明治・大正文化人の教養への関心について閑田朋子氏の「選別する教養についての一仮説」(日本大学文理学部人文科学研究所刊行(2007 年)にたいへん優れた精緻な考証がある。詳しくはこの論文を参照されるがよい。)

私たちは現在、《文化》と《教養》、それに(第二次大戦後は特に)かな書きの《カルチャー》も加って、その時々の都合次第でそれぞれを適当に使い分けているが、その境界線はいずれの場合も明確なものではなく、実際には個人の価値観に従って、多少のニュアンスの違いを込めて使うことが多いようである。たとえば、「文化人」とか「文化会館」とか「文化講座」、そして大学の「・・・文化学科」と言うと、ほんの一時前までは、何となく新しい知的な気風を代表するものであった。それが現代のような言葉の意味変化の激しい時代には、すでにどことなく新鮮味の失せた、時代遅れの感覚を抱かせるようになっている。《カルチャー》はさらにその上に皮肉をまぶし、軽薄感を上積みしたような感じがするのは、私の偏見であろうか。

では《教養》はどうであろうか。その運命はさらに悲惨である。「教養人」、「教養主義」、「一般教養」、「教養課程」などなど、これは今ではすっかり古ぼけてしまって、《文化》以上に時代遅れの代物となってしまった。事実、「教養課程」も「一般教養」も大学のカリキュラムからいつの間にか消えてしまい、今や死語になりつつある状態である。そして、文学部の、とくに外国文学・語学系の学科は、悲しいことだが、そうした古臭い《教養》のシンボル的存在として、今日文部科学省の役人を初め、多くの教育関係者から白眼視されて、表舞台から葬り去られようとしているのが実情である。

(3) 語源を求めて ── 英語における

こうした用法の曖昧性と混乱を招いたそもそもの原因は、本家家元のドイツ語と英語にあると言ってよい。と言うのは、以前にも述べたように、《文化》にせよ、《教養》にせよ、これらの語は元をただせば “Kultur” か、“culture” のいずれかからか生まれて来たものだからである。つまり問題の根本は、“Kultur”、“culture” のいずれも、《文化》と《教養》の概念を一語に包含しているにもかかわらず、それを訳出するものの都合で《文化》、《教養》と使い分けてしまったことにある。

ここでは煩雑さを避けるために、ひとまず問題を英語に絞って、話を進めて行くことにする。『オックスフォド英語大辞典』(OED) によれば、“culture” は語源的にはラテン語の “cultus”

つまり「耕す」、「養育する」という言葉に由来するものである。別の単語に同じ「耕す」という意味の “cultivate” があるが、（ちなみに、この語は中世ラテン語の “cultivare” から派生したもので、語源的には同じラテン語の “cultus” に行き着く）この二語はほぼ同じ意味を表す動詞として、18 世紀の半ばを過ぎるころまでごく一般的に使われていた。それが 18 世紀が終わりに近づくにつれて、「耕作」の意味と並行して、次第に「（精神、能力、作法等の）涵養あるいは発達、教育と訓練による改善と洗練」（OED “culture,” 4 の項）というように比喩的に転用され、精神的な面にも同等な力点が置かれるようになってくる。しかし、これはあくまでも元の「耕作」という意味を精神面に応用したものであって、この段階ではあくまでも比喩的なレベルに留まっていた。それが今日的な「精神、趣味、礼儀作法の訓練、発達、洗練化とその状態、文明の知的側面」という、ひとつの独立した価値を有する《教養》の観念となって生存権を獲得したのは、19 世紀に入るころからのことである。OED はワーズワスの自叙伝的詩集『序曲（プレリュード）』(1805) からの一節を、この意味での初出例として挙げている（5. a の項）。

つまり “culture” の場合には、日本が《文化》から《教養》へと意味変化を遂げたのとは逆に、まず《教養》の概念が元の意味に付着して生まれてきたということである。ちなみに《文化》という意味がイギリス国内に普及するようになったのは、意外と遅く、1860 年代に入るころからである（本論第 5 章参照）。ギリシャ文化、ルネサンス文化など、文化はもちろんいつの時代も存在していた。だがそれは《文化》という言葉が成立して初めて生まれた名称である。不思議に思うかもしれないが、19 世紀の半ばを過ぎるまでは、《文化》の概念を指示する言葉がなかった。言葉がない限り、概念も成立しない。日本に《文化》という概念が輸入されたのは、1870 年ごろ、つまり本国でこの意味が普及を始めて間もなくの出来立てほやほやだったということ、これは驚きである。後々の議論のため、まずしっかりとこれを記憶に留めておこう。

では、イギリスでこのような意味の変化がどうして起きたのであろうか。まずその原因として第一に考えられるのは、時代の大きな波のうねりによるもの。明確な時期を特定はできないようだが、1760年代に始まったと言われる産業革命は、19世紀の初めころまでにその大事業の大方を完了しつつあった。その間に、蒸気動力の発明に続く綿毛紡織や製鉄産業の発達、道路・水路などのインフラの整備等々、改革の波は急速に全土へと波及し、イギリスは今やかつての農業国から「世界の工場」と呼ばれるほどの工業国へと大変身を遂げつつあったこと、これはイギリスの歴史を学んだものなら、だれしも知るところであろう。もちろん、革命と名がつくからには、光の部分だけではない。影の部分もある。工業化の波に乗って繁栄を手にした商工業を中心にしたブルジョワ中産階級がわが世の春を謳歌する一方で、その陰で、土地のより効率的な運用を図ろうとする地主たちによる、所有地のいわゆる「囲い込み」運動が着々と進行して、先祖代々の土地を収奪された農民が、新たな仕事を求めて都会にどっと流入し、生きるあてもないままにスラム街にたむろし、その日暮らしの悲惨な生活を送らなくてはならない、そんな不幸な境遇に泣く人々の群れが都会の至るところに溢れていたのである。

加えて、ヨーロッパ大陸は、1789年に勃発したフランス革命の大火の余燼がいまだ冷めやらず、大揺れに揺れている最中だった。革命後の騒乱に乗じて新たに台頭を始めたナポレオンの軍勢が、いつ海を渡って侵攻してくるか、イギリスはその影におびえ、戦々恐々として落ち着かない日々を過ごしていたのである。国内に構造変革による大きな歪み・ひずみを抱えるだけでなく、このような国外からの迫り来る脅威に立ち向かわねばならず、国家繁栄の最中にあっても、この当時個々のイギリス人の神経は、絶えずピリピリとした緊張状態に置かれていたに違いない。カーライルの「時のしるし」など警世の評論は、明らかにこうした緊張感・危機感によって触発された、母国を思う愛国心の表れであった。

またこのような緊張の時代には、従来の価値観では処理できないさまざまな困難が次々に持ち上がってくる。その状況に対応しようとして、新しい思想や趣向、そして言葉が生まれ、言葉の意味の変動が起こるものである。革命というものは、単なる物理現象に留まるものではなく、精神界の大転換なのだから。18 世紀後半、イギリスやドイツなどでほぼ同時に始まったロマン主義運動は、その変革のうねりの典型であった。そして、これまで長い間「畑を耕すこと」の意味に用いられてきた “culture” という言葉に、新しく「精神を耕すこと」、すなわち《教養》という観念が付加されたのも、実はこうした汎ヨーロッパ的思想変革の波のうねりと密接な関係があるのではないか、少なくとも私はそのように理解している。

(4) 自らをいかに見つめるか

この点につき、私の主張をもう少し詳しく解説してみよう。いつの時代も同じであるが、特に時代の大波に洗われ、その影響をまともに受けるのは、若い世代である。先ほどの OED “culture” の定義の《教養》の項目のところ、その初出例に挙げられていたワーズワス William Wordsworth（1770-1850）の『序曲』*The Prelude* の一節が、当時のインテリ青年の苦悩を実に見事に表現している。これが書かれたのは 1800 年前後、詩人が 30 歳当時のことである。

> 死よりも悪(あ)しき圧制が、生まれたばかりの生命を迎えるところ、
> 教養を嗜(たしな)む心が、まったく知られることのないところ、
> 過度の労働と貧困が、日々愛情の地をふさいでいるところ、

本能というエゴが、より深い自然に敵対するところ、
そんなところには、愛はあろうはずがない。
人間の心の病んでいる都会にも、愛は容易に栄えることはない。
(『序曲』1805年版、XII巻、195-203行)

ここで詩人は、人民が圧政と暴虐と貧困に苦しむ一方、教養を嗜む心を持たず、私利私欲に走る人間たちがはびこり、わがもの顔でのさばり歩く病める都会の姿を慨嘆しているのだが、この数行の詩のなかからでも、産業革命の最中、実利の追求に血道をあげるばかりで、人間本来の愛情とか学問・教養を積もうという志を失ってしまった周辺の環境に、ただ呆然、なすすべのないインテリ青年の嘆き・悲しみが読み取れるのではないだろうか。つまり逆に言えば、そのような逆境に立たされればこそ、人は精神の涵養、教養の必要性を切実に求めるようになるのである。「需要は欠乏から生まれる」という金言はこの場合も有効であろう。大切なものを失ったと気づいたとき、初めて人はその存在の大きさを意識するようになり、それを回復しようとして真剣に努力をするようになるのである。

このワーズワスの詩には『ある詩人の精神の成長』(*Or Growth of a Poet's Mind*) という副題がついている。「ある詩人」とあるが、まごうことなくこれは彼自身のこと、幼年期から青春期を経て、成人期に至るまでの自らの前半生の精神的発達の足跡を辿ったもので、詩の形式を用いた自伝と言ってよいであろう。そもそも「自伝」"autobiography"という言葉が英語の文献に最初に登場したのは、OEDによれば、1797年のこと、ワーズワスの詩が書かれた時期とほぼ同じころのことである。

このワーズワスの詩の完成と自伝文学の成立の時期的一致、これはけっして偶然ではない。19世紀に入ると、自伝はひとつの文学ジャンルとしてにわかに脚光を浴びる存在となり、ワーズワスもその流れに乗ったと言えなくもないからである。

もちろん、それ以前にも自伝に類した作品は、古くはローマ時代の聖アウグスティヌスに始まって、18 世紀にはジャン＝ジャック・ルソーの『告白』*Confessions*（1781, 1788、死後出版）やエドワード・ギボン Edward Gibbon (1737-94) やベンジャミン・フランクリン Benjamin Franklin (1706-90) の自叙伝的回顧録など、数多く書かれている。しかし、それが「自伝」というひとつの文学ジャンルとして意識されるようになったのは、明らかに 19 世紀に入ってからのことである。今日ギボンとフランクリンの回顧録にいずれも『自伝』というタイトルがつけられているが、これは 19 世紀に入ってからそれぞれ、その編者によって冠せられた題名である。このことが、「自伝」という言葉が、19 世紀に入ってようやく一般に定着するようになったことの、なによりもの証拠であろう。

ずいぶんと回り道をしたようだが、ワーズワスの例を見ても明らかなように、この自伝文学の誕生は、私たちの主題である《文化》の歴史にとってけっして無縁の出来事ではない。時代の転換点は、人々の将来への不安意識を煽り、ある意味で自分を真剣に見つめ直そうとする時期である。19 世紀に入るころから、作家たちがこぞって自らの歴史を語るようになったのも、こうした心理作用に由来するものであろう。だから、こうした新しい世代の作者たちによる自伝は、ギボンやフランクリンのように、晩年になって功なり名遂げたあとに、いわば自らの勝利を寿（ことほ）ぐ形で過去を回顧するようなタイプのものではなく、いずれも人生の半ばで、将来の見通しも定かでない段階で、自分たちの前半生の生き方を内省し、見失った自分のアイデンティティをどうにかして立て直したいと願いつつ書かれたものだった。トマス・デ・クインシー Thomas De Quincey（1785-1859）の『アヘン飲用者の告白』*Confessions of an English Opium-Eater*（1822）や、カーライルの『衣服の哲学』（1833-34）などがその典型である。つまり自伝を書くという行為は、そもそも自分と他人との違いを明確にしようという強固な自我意識から発揚されたもので、その目的とするところが、自己の存在確認という極めて自己中心的な企みだったのである。だが、その自己中心性こそが、ロマン主義がなによりも大切にしていた価値観だった。19 世紀に入って自伝が急速にクローズアップされるようになった大きな理由は、新時代に容易に対応できず苦悩する魂にとって、それがもっとも身近で効果的な表現手段だったからである。そして、さらに重要なことは、時代とともに急速に台頭してきた自我意識の強固な支えがあったからである。

(5) はじめに言葉あり

ここで改めて《文化》という観念の誕生の経緯につき考えてみよう。前項においてこの言葉が、18 世紀から 19 世紀にかけての、汎ヨーロッパ的大変革の波に洗われ、その危機感が個人の意識内に自我意識を急速に目覚めさせ、それが自伝文学の誕生につながったことを語った。また、この自らの半生を自伝化しようという衝動と、自らを高めようという教養への欲求が、同じ土壌から、ほぼ時期を同じく芽生えたというのは、これもけっして偶然によるものではなく、それらが相互間に密接な関連性を有していることも。

私はこれまで『暗黒への旅立ち ── 近代西洋自我ととその図像 1750-1920』（名古屋大学出版会、1987）や、『さまよえる旅人たち ── 英米文学に見る近代自我〈彷徨〉の軌跡』（研究社出版、1996）などで、繰り返しこの時代の近代西洋自我発達の軌跡につき論を重ねてきたので、ここではそれを繰り返すことは控えよう。ただ、これらの欲求は、西洋における自我意識の急速な高まりと個人主義の発達に呼応して生まれてきたものであることは明らかなことである。17 世紀以降、西洋の自我は着実に自己主張を強めつつあった。それが、フランス革命など周辺にただならぬ政治的危機が迫り、社会が混沌として見定めにくくなった時、人々は自らの存在をより強く意識するようになり、改めて自らの周辺を見回そうとする衝動につながったのである。そこから社会的存在として自らの生きるすべを見出そうと模索する動きに加速度が加わるようになってゆき、そこからさらに他者との違いを強調し、社会における自らの存在をアピールしようという自己PR型のエネルギーが生み出されることになったのである。このエネルギーこそが、自己認知の方法として二分化され、時に自伝化の方向へと進み、時により高度の教養の習得へと向かわせる原動力となった。とくにそのエネルギーが鬱積され、噴出状態にあったのが、自我意識と知的好奇心の強いエリートと呼ばれる知識人階層であったことは、当然想像のつくことであろう。このエネルギーが、比喩的に言えば、自らの畑をより芳醇な果実の発育する土壌に作りなおそうという彼らの精神の耕作努力— Culture —を促したのである。それが一方において、18 世紀末のノヴァーリスやヘルダーからゲーテに連なる新たなドイツ・ロマン主義運動の原動力となり、一方において《教養》という新しい概念の芽生えへと連動していったのである。

ここではっきり言えることは、“culture” という言葉は、まず《教養》という抽象的概念を得ることによって、新たな歴史的地位を獲得することになったということである。もちろん現実には文化も教養も人類の歴史とともに存在していたであろう。文化という言葉はそれぞれの時代の特徴を表す実に便利な言葉である。だが、先にも述べたように、これはあくまで 19 世紀後半になって、《文化》という概念が次第に明確化されて、広く一般的に普及するようになって以降に与えられた名称である。現実にそれぞれの時代は、それぞれ独自の特色ある文化を生成していたが、不思議なことではあるが、それ以前にはそれを明確に○○文化として特徴づける《文化》という概念が存立していなかった。この項の題名の「はじめに言葉あり」というのは、新約聖書「ヨハネ伝福音書」の冒頭の一節である。しかし、聖書はこうつづけている。「言葉は神とともにあり。言葉は神なりき。」（第一章第一節）神は言葉（ロゴス）となってこの世に現れたもうた。すなわち、言葉はロゴスを宿して、初めてその機能を発揮できるのである。同様に “culture” という言葉はあった。しかし概念のないところには、現象としては存在していても、それは実態のない幻に過ぎないのである。つまり “culture” は、《教養》という概念を獲得したとき、初めて文化史のなかで正式に認知されるようになったということである。

この項を締めくくるにあたって、最後に明治初期の日本の置かれた状況について、一言私見を述べさせていただくことにする。鎖国時代の長崎は別として、日本が西洋文明の直撃を受けたのは、おそらくペリーの黒船が最初であったであろう。それ以来西洋文明は怒涛のように日本に押し寄せてきた。当然西洋文化もその波に乗って、驚くべき速度で日本社会に上陸してくる。そして、江戸時代脈々と継承されてきた、独特な日本の伝統的文化を一気に表舞台から追放してしまったのである。つまり、日本に《文化》という概念が誕生したのは、明治の開国以来の西洋文化の侵略をもって最初とするということ。日本人が《文化》という西洋的概念を十分に把握する前に、それは突然に嵐のごとく襲いかかり、「和魂洋才」のスローガンに乗って日本社会を席巻してゆき、またたく間にしっかりと居座ってしまった。そして、その概念が社会で時間をかけて成熟する間もなく、いわば借り物のまま、以後ずっと存在し続けてきたのである。私たちは未だにその負の遺産を背負い続けているのだ。

同様なことは《教養》についても言えるであろう。日本には古来から漢学や国学、そして儒学という格式を有する伝統的学問が存在していた。江戸幕府の開設した昌平黌（しょうへいこう）（1797-）などは、ギリシャのアカデメイアに匹敵する知識と教養のための理想的教場であった。その伝統も一朝にして崩れ、大学も（旧制）

高校も、西洋の思想・文化の摂取と吸収が第一目的とされ、そこからイギリスやドイツに盛んだった教養主義のイデオロギーが、あのデカンショ節に象徴されるように、西洋かぶれの教師、学生によってそっくりそのまま踏襲されたのである。これも借り物文化の典型だった。

問題は、西洋における《教養》から《文化》への時間をかけた自然な成長が、日本ではまったくなされないままに、日本の風土に半ば強制的に移植されたことだ。そして、導入された時間的ずれの解消されないままに、《文化》と《教養》は二つの概念に分割された状態で、独立した単位として存在することとなった。結果、前者は当初からの社会的な違和感を払拭できないまま、今日まで半ば厄介ものの形で、かろうじて命脈を保ってきたが、後者《教養》は大戦後のアメリカ民主主義一辺倒のイデオロギーのもとで、そのエリート貴族主義的独善性を理由に排斥され、一挙に教育の場から追放されてしまった。その嫌悪感は未だに根強く、今日の大学の文学部虐待につながっている。これが伝統を持たない根無し草の哀れな宿命というものだろう。私たちはこのように明治時代のスタート時からの負債を清算できないまま生きているのである。

(6) そして現代の「時のしるし」は？

ここで改めてカーライルやミルの発した時代精神の批判について考えてみよう（本書第一章（2）参照）。これらはけっして古ぼけカビの生えたものではない、現代社会に持ってきても十分通用するものである。科学テクノロジーは今、IT 産業を頂点としてすさまじい勢いで成長・発展をつづけ、しかもその波は衰える兆しを見せるどころか、加速度を増して、今や私たちの生活の隅々にまでその影響を及ぼしつつある。これを第二次と呼ぶかどうかは別として、新たな産業革命と呼ぶことに、一向に不都合はないだろう。少なくとも私たちは今、激しい社会変革の真っ只中に置かれていることは間違いがない。私たちはこの異常なスピードで進む物質文明の発達の恩恵に浴する一方で、道徳心、信仰心が日々消えうせ、それとともに精神のダイナミズムは着実に萎え衰えてゆく姿を、日々目の当たりにしている。物質主義が全盛を極め、機械化、今風に言えばデジタル化が精神の世界を着実に蝕み、利害損得の勘定ばかりが優先してしまう時代、これが現代日本の、いや日本だけではないだろう、世界中の「時のしるし」と言っても、けっして言い過ぎだとは思えないのである。

問題はこうした現代の「時のしるし」をいかに読むかということである。世の中には現代の物質文明の全盛を、カーライルのようにネガティヴな目で見る人たちばかりではない。これを新しい時代へ進むための、ミルの言うような「過渡期的」な状況と捉え、それに向かっての処方箋をポジティヴな立場で書こうとする人もいるに違いない。カーライルをとるか、ミルをとるか、その判断はその人その人の個人的価値観に最終的には委ねられる問題かもしれない。

ただ、いずれの立場をとるにしても、現実の文化的活力の衰退ぶりを憂慮すべき状況として認識していることには、双方に大きな隔たりはないであろう。こと精神文化を見るかぎり、現代文明は明らかに劣化の方向に向かって進んでいる。こうした現代の「時のしるし」の典型を、私たちは目下私たちの周辺で猛烈な勢いで進んでいる活字文化の衰退の現象に見出すことであろう。若者たちが本を読まなくなった。本を読まなくなった結果、ものを考える力が減退してしまったという声が至るところで聞かれる。確かに彼らの活字離れが進み、雑誌やコミックスなどの、いわゆるサブカルチャー分野の本は別として、古典とか名作と呼ばれる本を読む機会がめっきりと減りつつあること、これは間違いのないことである。かつては教養のための読書は、青春期の人間形成の貴重な手段だった。カントやヘーゲルなどの難解な哲学書や、トルストイやドストエフスキーの分厚い小説を読破すること、それ自体が──それが人間形成にどれだけ役立ったか、その効果のほどは別として──大学生になるための大切な通過儀礼であり、大学生としてのアイデンティティの基盤であり、プライドであり、将来的には青春のかけがえのない記念碑となるものだ、そんな思いで時を惜しんでひたすら読書に励んだ学生も数多くいたのである。それもさして昔の話ではない。つい三、四〇年ほど前までは、さほど珍しい話ではなかったと思う。

それが 1980 年代に入るころから、学生たちの読書意欲が目立って減退し始めるようになった。教室で古典──たとえばシェイクスピアの戯曲の一編──をひもといて、古典の楽しさとそれの与える潤沢な味覚を一人悦に入って得意げに解説する私に向かって、学生たちの皮肉な眼差しが、もの言わずこう問いかけてくるようになってきたのである。「教養のための古典だって？　いったい教養って何なんだ。何の役に立つんだ」と。その眼差しは年を追うごとに厳しさを増していくようだった。視覚文化が氾濫し、インターネット情報の飛び交う、目まぐるしくもせわしなき世界の渦中に置かれた彼らにすれば、「古典」とか「教養」とかいう言葉はいつの間にか、アナクロニズム以外のなにものでもなくなってしまっていたのである。そういう現実に気づくのがあまりに遅かった。私たちは学生たちの冷たい眼差しを浴びせられる中で、そこから発せられる「時のしるし」にまったく気がつかないまま、ただ漫然と教養のための読書の効用を相変わらず教室で説きつづけていたのである。

では、彼らのそんな素朴な、と同時に極めて深刻な問いかけにどう答えたらよいか。私たち旧世代とのギャップをいかにして埋めればよいのか。遅まきながら、本書はそうした疑問に答えるようとして、まずは発想され、起草されたものである。しかし、問題はそう簡単に解答しうるようなものでないことにやがて気づくことになる。根はもっと深いところにある。ことは文化そのものの本質にかかわるものであることを改めて思い知らされたのである。これを考えるには、《文化》とはなにか？その根源的問いかけから始めなくてはならないと。よもやその結果が、このような厖大な時間と字数とを費やして、なお解決不能な泥沼状況に追い込まれることになろうとは、当初は夢想だにしなかったことである。

こうした教室での学生の読書に対する関心の冷却が、現代における活字離れという深刻な文化的疾病の目に見える現れであること、これにはさしたる異論はないであろう。ただしこれはなにも若者たちに限ったことではなく、世代を問わず社会全般に蔓延している状況である。それが若者たちに特に顕著なだけなのだ。まずそんな疑問の声が良識ある年配者たちの間から上がってくるであろう。私たちのようなロートル世代（こんな古ぼけた言葉、若い人たちは知っているだろうか？）にも、似たようなことは言えるのではないだろうかと。私自身を見ても、視力の低下とか、多忙とか、いろいろと口実を設けてはいても、テレビを見たり、インターネットのサイトを開いたりすることに多くの時間が割かれ、相対的に読む活字の量も時間も大幅に減っていることは否定しがたい事実である。活字離れは、言うなれば現代文明の抱えた業のようなものと言えなくもないのである。その結果として思考力の減退を憂うるのであれば、まずは私たち古い世代も被告の一員であることを率直に認めるべきであり、若者たちを一方的に責めるのは、いささか短絡的に過ぎ、アンフェアーではないだろうか。

だが、読書離れが一般的傾向であるとは言っても、若者たちの読書への関心の衰退はさらに顕著であることは、紛れもない事実である。では彼らの知的関心そのものが退化しつつあるかというと、私はそれは明らかに違うと思う。彼らが知識に飢えていること、知的好奇心が旺盛なことは確かである。とにかく血眼になって新しい情報を求めている。これはあるいは昔以上に熾烈なものとなっているかもしれない。ただ、彼らの求める知識の質が一昔前とはすっかり変わってしまったのである。またそれを吸収するための媒介もすっかり変わってしまったのである。彼らの目下の関心の中心は、あくまでもテレビやパソコン、あるいは携帯電話、その極めつけスマートフォーン、いわゆるスマホなどの電子メディアを介しての視聴覚情報である。そこからの情報の吸収に、昭和の世代が読書に費やした時間量と比べて、遜色のないくらい、いやそれ以上に実働時間を使っているのではないか。また本を読むことはあっても、それはアニメ本やコミック本だったり、週刊誌やタウン誌など、写真や挿絵などビジュアルな資料を満載した情報誌が中心であり、それ以外にも映画や音楽など、直接目や耳に訴えるメディアに頼る機会も圧倒的に多くなっている。つまり彼らの知識・情報を摂取する手段が昔と変わって、わずらわしい活字を介しての思考作業を避け、より感覚的なもの直截的なものへと移行しつつあるということなのである。これが《ポスト・カルチャー》の実体なのである。

当然それに伴って彼らの思考様式もその内容も、より感覚的・直截的なものに変ってきた。論理的に秩序立てられた思考の回路を経ずに、まだるっこしい手間を省いて、思うがまま、感ずるがまま、いきなり結論へと直行する、思考作業を極力簡略化し記号化するやり方 ── アナログからデジタルへの変更 ── を好んで用いるようになった。当然そこに情緒の介入する余地は少なくなる。それが古い世代のものから見れば、あまりに短絡的であり、即物的であり、そして粗略であり、ときとして礼を失したものに思えるのである。ただ論理的手順を欠いているといって、それをもって彼らの思考力が減退したと受け取ることは、こちらもいささか短絡的であろう。それよりむしろ考え方のプロセスが変わった、いや変わりつつあると考える方がより自然なのではないか。つまり社会の共通基盤とであるはずの文化の質が、世代間でここに来て激変したのである。これまでとはまったく異なる仕組みの、いわゆる「ポスト・カルチャー」の現象が現に今起こりつつあるのだ。

ではなぜそのような既成の文化とはまったく異なる「ポスト・カルチャー」現象が生ずるに至ったのか。そのようなことをあれこれ考えてゆくうちに、これは《文化》の歴史をその発端にまで遡って、この概念のここに至るまでの変化の過程をより綿密に考証をしない限り、現在直面している現象を歴史的必然として明確に把握できないのではないかという思いに立ちいたったのである。

(7)　新文化革命

本論の冒頭に載せたカーライルの「時のしるし」とミルの「時代精神」は、一見これまでで論じてきた問題と関連性が乏しいようだが、実はこの二人は、ものの考え方、レトリック、あらゆる面で世代間の思考の落差（ジェネレーション・ギャップ）を鮮やかに浮き彫りにして見せてくれている。二人の実際の年齢差は 11 歳だから、厳密にはこの表現は当たらないのかもしれないが、カーライルは 18 世紀からの古い思想を体内に温存している旧世代の人間なのに対し、ミルは 19 世紀思想の生み出した新時代の申し子のような存在で、二人の思想的環境と背景は年齢差以上の大きな開きがある。カーライルがどちらかと言えば直情径行、知より情を優先する旧来型の人間であるとすれば、一方ミルは論理的に考証されないいかなる観念も容認しない、知性第一主義のいわゆる新人類である。

この二人の関係は、とくに時代が大きな変わり目にあるとき、新旧世代間のギャップがいかんとも修復しがたいことを雄弁に物語る一例となろう。互いに時代に対する危機意識は共有していても、それに対応する考え方もそれを表現する方法も違っている。この断絶は容易に埋めることができないくらいに大きなものである。これは時代と国を異にしても、基本的にそう変わるものではない。現代のジェネレイション・ギャップとも通底するものではないだろうか。私のような戦前生まれの古い人間から見ると、目下身の周りに起こっている現象は、思考革命と呼べるくらいの劇的な思考の質的変化である。しかも穏やかならざることに、現在もその変化は着実に進行しつつある。これは大変なことではないか。

ただ私にはこうした思考形態の革命的変化に「文化」の名を冠することに、いささか意識的抵抗がある。というのは、「文化革命」という言葉には、あの中国で 1960 年代後半に起きた「文化大革命」の忌まわしくもおぞましい記憶がこびりついているからである。文化革命を標榜はしていたものの、その実態は名称とは裏腹の、毛沢東と彼の思想に踊らされた「紅衛兵」を名乗る極左分子による過激な政治活動であり、およそ「文化」を冠するに値しない暴力的破壊行動だった。しかし、現在先進諸国で起きている意識変化を、もしそれを革命と呼ぶことが許されるのなら、それこそ「文化」の名を冠するにふさわしいものである。なぜなら、それはいかなる暴力を伴わず、人々の思想・感情のプライバシーの領域に知らぬ間にじわじわと浸透して、発想法から表現法に至るまですべての思考様式を変革、いや（言葉は悪いが）洗脳しようと企んでいるからである。そして、いまだその方向は明確には見定められないが、単なるテクノロジー革命としては片付けることのできない ── 少なくとも私には ── もっと深いところで大きなマグマとなって胎動しつつある。そのエネルギーがきっと近い将来、世界規模の真の意味での「文化革命」と呼べるような大革命を引き起こすことになるのではないかと思えるのである。現在私たちの周辺に起こりつつある変化は、あるいはこうした地下で蠢動をつづける巨大なマグマの地表に滲出したもので、将来の大噴出を予感させるものではないだろうか、私たちは大いなる不安感と危機感をいだきながら、ただじっと成り行きを見守っているほかはないのである。この先どのような事態が現出するか、おそらく私が生前にその結末を見ることはないであろうが、そんな私の暗い予感が杞憂に終わることを、今はひたすら祈るばかりである。

断っておくが、私はけっして弁証法的歴史観の擁護者ではない。ただ現在私たちの周辺に起きつつある「新文化革命」——もしその呼び方を許してもらえるならば——は、少なくともある点までは、歴史の必然から生まれ出たものであると信じる私なりの理由がある。その歴史が解き明かされなければ、現在私たちの周辺に起こりつつある現象も正確には把握できないということ、これも私の信念である。そうした前提に立って、私はまず《文化》とはなにか、その誕生と生成の過程を、まずはイギリスに基軸を定めて歴史的に辿ることを試みた。なぜイギリスかということは、本書をお読みいただければ、おのずと明らかになることである。グローバリゼイションの大波が地球上の至るところに押し寄せてている現在、イギリスを含めてヨーロッパ全土に起こりつつある文化現象は、当然ながら今日の日本でも起こるであろうし、現に起こっている。そうしたヨーロッパの先例を教訓に、日本でもあるいはそこから何らかの対策の目を見出すことも可能になるのではないだろうか。さらには、この革命をより積極的価値のあるものに位置づける方策も見いだせるようになるのではないだろうか。ただしその方策を見出すためには膨大な知識の習得が不可欠である。またそのためには特化された特定の場所が必要である。それがいずれにあるかは賢明な読者にはお分かりであろう。本書はそのような一貫した意図をもって書かれた、私なりの「文化的」提言である。途中幾度となく蛇行と道草を繰り返したが、本書を最後まで読み通す気力と忍耐力を持った読者であれば、きっと私の真意をご理解いただけるはずである。

最後に今は亡きわが盟友 原公章氏の日本大学最終講義「現代学生と教養のために」の最後の一節を引用しておく。この言葉をつねに心の銘としておきたい。

> 自分を過大視する現代人は、自分の未熟さをさておいて、他者に苦痛を与えることを何とも思わなくなりつつある。本来の自分の無力と弱さを現代人は再度、謙虚に自覚すべきである。だからこそ「この世で知られ考えられたもっとも優れたもの」に触れ続けることが必要なのだ。そこに「教養」の道が拓ける。そして大学こそ、それに最もふさわしい出会いの場所〔なの〕である。
>
> 『英文学と教養のために』(366)

付記： 最後に ── これは初版執筆の際に書き落としたものであるが ── 本書の用辞についてここで改めて簡単に説明しておく。本書執筆に当たっての最大の難問は、「文化」という言葉そのものにある。ご存知のように、この言葉の元となる英語は "culture" であり、ドイツ語は "Kultur" である。ところが本書でも章を追うごとに明らかとなってゆくように、この言葉は英語、ドイツ語のいずれも、時代とともに意味的変化を繰り返しつつ、限りなく概念的に膨張をつづけてゆくのである。それを英語やドイツ語ではともに "culture"、"Kultur" という言葉に包括して表現するが、これがやたらと概念を拡大させ、複雑化させて、意味の曖昧さを生みだし、それが無用な誤解の原因となり、やがて大論争の火種を提供することとなった。

一方日本語はその逆である。明治維新以降、西洋の文物の輸入されるに合わせて、その語も輸入されてきた。その段階から、その時々の必要に応じて「文明」、「文化」、そしてさらには「教養」と訳され、今日では「カルチャー」と片仮名で表記されることも珍しくない。そうすることによって、その都度その語の微妙なニュアンスの違いを表現しようとしてきたのである。つまり日本語には“culture”、“Kultur”に即対応する単語が、一語としてそもそも存在しないのである。これは言葉に対して極めてセンシティヴな日本人の国民性を反映したものと言えば言えるのだが、西洋におけるこの言葉の歴史を辿ろうとする場合、その時代の含蓄に合わせてその都度訳語を使い分けることは、甚だしく不自由であり、無用な混乱の引き金ともなりかねない。

そこで色々と考えたすえに、私はひとつの便法として、英語の“culture”を――本来であれば“culture”と原語のまま表記したいところであるが――その言葉のオリジナルな意味を伝えたいときは、《　》というように二重楔(くさび)括弧でくくることによって表記することにし、その中にそのおりおりの“culture”に適う適当な訳語を挿入することにした。単一の訳語を見出しえないゆえの、これを一種の記号として理解いただきたいのである。たとえばマシュー・アーノルドの *Culture and Anarchy* は、日本では一般に『教養と無秩序』と訳されている。しかし、ここで用いられている“Culture”という言葉は単に「教養」という言葉では表しきれない、より広義な「文化」という意味を内包している（詳しくは本書第五章参照)。それで本書では、その時々のコンテクストに応じて、『《教養：文化》と無秩序』と表記することにした。はなはだぎこちない方法だが、ほかに適切な手段が見出せない。よい知恵があったら、ぜひご教授いただきたい。

引用文献

Wordsworth, William. *The Prelude, or Growth of a Poet's Mind*. London. Oxford University Press, 1966.

原公章『英文学と教養のために――Further Salmagundi』大阪教育図書、2018 年。

福沢諭吉『学問のすゝめ』岩波文庫、2006 年。

著者略歴

荻野 昌利（1933 年生。横浜市出身）

学　歴　東京教育大学卒・同大学院修了（専攻英文学）
　　　　文学博士（名古屋大学）
職　歴　南山大学・大学院教授、同大学名誉教授。
学界活動　日本英文学会会員・評議員・編集委員
　　　　日本ヴィクトリア朝文化研究学会理事・同会長

業 績 表

単 著

『暗黒への旅立ち── 西洋近代自我とその図像 ──1750 ～ 1925』名古屋大学出版会（1987）

『さまよえる旅人たち──英米文学に見る近代自我〈彷徨〉の軌跡』研究社出版（1996）

『視線の歴史──〈窓〉と西洋文明』世界思想社（2004）

『歴史を〈読む〉── ヴィクトリア朝の思想と文化』英宝社（2005）

『ヴィクトリア朝筆禍事件始末記── 宗教と芸術』英宝社（2007）

『小説空間を〈読む〉──ジョージ・エリオットとヘンリー・ジェイムズ』英宝社（2009）

共 著

『ヴィクトリア朝文学・文化・歴史』英宝社（1999）、その他多数

訳 書

ジョージ・エリオット著『ミドルマーチ』大坂教育図書（2020）

《文化》とはなにか――追考

2023年6月24日　第1刷発行

著　者　荻野 昌利
発行者　横山 哲彌
印刷・製本　岩岡印刷株式会社

発行所　大阪教育図書株式会社
〒530-0055　大阪市北区野崎町1-25
TEL 06-6361-5936　FAX 06-6361-5819
振替 00940-1-115500

ISBN978-4-271-21075-7 C3022　落丁・乱丁本はお取り替え致します。